SEXUELLE GEWALT: ERFAHRUNGEN JUGENDLICHER HEUTE

SABINE MASCHKE, LUDWIG STECHER

Unter Mitwirkung von Karen Anschütz, Saskia Lapp,
Ann-Cathrin Mücke-Gehrhardt, Henning Schütz

Sabine Maschke, Dr. phil., ist Professorin für Allgemeine Erziehungswissenschaft an der Philipps-Universität Marburg. Ihre Forschungsschwerpunkte sind Kindheits- und Jugendforschung, Übergangs- und Bildungsforschung, Biografieforschung, Außerschulische Bildungsforschung (Extended Education), Qualitative und Integrative empirische Sozialforschung.

Ludwig Stecher, Dr. phil., ist Professor für Empirische Bildungsforschung am Institut für Erziehungswissenschaft der Justus-Liebig-Universität Gießen. Seine Forschungsschwerpunkte sind Extra-curriculare und Außerschulische Bildungsforschung (Extended Education), Kindheits- und Jugendforschung, Lehrerbildung, Ganztagsschulforschung.

Dieses Buch ist erhältlich als:
ISBN 978-3-407-25789-5 Print
ISBN 978-3-407-29556-9 E-Book (PDF)

1. Auflage 2018

in der Verlagsgruppe Beltz · Weinheim Basel
Werderstraße 10, 69469 Weinheim

Lektorat: Heike Gras
Layout: tau-berlin.de
Innenfotos: S. 14: © Alexis Brown; S. 15: © Anthony Ginsbrook; S. 20: © Jiri Wagner; S. 21: © Jimmy Bay; S. 44: © David Preston; S. 45: © Andrew Neel; S. 60/61: © Hs Lee; S. 74: © freestock.org; S. 75: © Christophe Campbell; S. 90: © Paul Dufou; S. 106: © Igor Cancarevci; S. 107: © Clem Onojeghuo
Alle Fotos bis auf S. 74: unsplash.com

Umschlaggestaltung: tau-berlin.de
Umschlagfoto: © Christopher Campbell, Unsplash
Umschlagfoto Rückseite: © Erik Lucatero, Unsplash

Herstellung: Michael Matl
Satz: tau-berlin.de
Druck und Bindung: Beltz Bad Langensalza GmbH, Bad Langensalza
Printed in Germany

Weitere Informationen zu unseren Autoren und Titeln finden Sie unter: www.beltz.de

Inhalt

1 — Einleitung

»Ich kenne einige Leute, die Probleme in der Hinsicht sexuelle Gewalt haben. Auch in unserer Klasse. Deswegen hoffe ich, dass sie durch die Studie zur Vernunft kommen und sich helfen lassen!«

Auf welche Fragen gibt die Studie Speak! Antworten?

Jungen und Mädchen sind in verschiedenen Bereichen von sexueller Gewalt betroffen: im familialen Umfeld ebenso wie in pädagogischen Institutionen, z.B. in der Schule. In den letzten Jahren wurden verschiedene Forschungsprojekte zu diesem Thema angestoßen. Einige Studien untersuchen dabei vor allem sexuelle Gewalt, die von Erwachsenen gegenüber Kindern und Jugendlichen ausgeübt wird wie z.B. in der Familie oder in pädagogischen Institutionen. Andere Studien beziehen sich dabei auf einen bestimmten zeitlichen Abschnitt wie etwa die Kindheit.

Die Studie Speak!, aus der die in diesem Buch vorgestellten Ergebnisse stammen, richtet demgegenüber ihr Augenmerk auf ein breites Spektrum an möglichen Erfahrungsformen sexueller Gewalt, die Jugendliche erlebt haben können. Das bezieht sich zum einen auf die Vielzahl nicht-körperlicher und körperlicher Formen, zum anderen auch auf sexuelle Gewalt durch Gleichaltrige. Die Studie nimmt dabei den gesamten Erfahrungszeitraum (Lebenszeit-Prävalenz genannt), auf den die Jugendlichen zurückschauen können, in den Blick.

Die Studie Speak! wurde als eine klassenweise Befragung mit standardisierten Fragebögen in den Jahrgangsstufen 9 und 10 an allen allgemeinbildenden Schulen (mit Ausnahme der Förderschulen) in Hessen, gefördert durch das Hessische Kultusministerium (HKM), durchgeführt. (Die Erweiterungsstudie von Speak!, die Schüler/innen einbezieht, die Förderschulen besuchen, wird – ebenfalls gefördert durch das HKM – Anfang 2018 abgeschlossen.) Insgesamt nahmen 2.719 Schüler/innen aus 53 Schulen an der Befragung teil. Die meisten Befragten sind zwischen 14 und 16 Jahre alt. Zu den zentralen Fragen, auf die die Studie Speak! Antworten geben will, gehören:

- Wer ist von sexueller Gewalt betroffen bzw. wird viktimisiert (Viktimisierung meint »zum Opfer werden«)? Welche Rolle spielt das Geschlecht oder das Alter?
- Neben der Perspektive der Betroffenen nehmen wir zusätzlich die Perspektiven derer in den Blick, die sexuelle Gewalt beobachten, die davon hören und die sexuelle Gewalt ausüben.
- Wo findet sexuelle Gewalt statt? Welche Orte haben ein hohes Risikopotenzial?
- Welche Folgen hat sexuelle Gewalt für die Betroffenen?
- Was lässt sich über die Täter/innen aussagen – z. B. über ihr Alter, ihre Motive?
- In welchem Zusammenhang stehen die Erfahrungen sexueller Gewalt mit anderen Lebensbereichen der Jugendlichen? Wie nehmen Betroffene etwa die Schule oder ihre Familie wahr?

Auf der Basis der Antworten auf diese Fragen werden am Ende Überlegungen zur (Weiter-)Entwicklung von Präventionsansätzen diskutiert.

Was ist »sexuelle Gewalt«?

Wir sprechen in diesem Buch von sexueller Gewalt. Mit Hagemann-White (1992, S. 23) verstehen wir zusammenfassend darunter »jede Verletzung der körperlichen oder seelischen Integrität einer Person, welche mit der Geschlechtlichkeit des Opfers und Täters zusammenhängt«. Neben (direkten) körperlichen sexuellen Gewalterfahrungen zählen wir auch solche dazu, die durch verbale und/oder schriftliche Handlungen gemacht werden (nicht-körperliche Gewalterfahrungen, z. B. Übergriffe im Internet, sexuelle Beleidigungen). Gewählt haben wir den Begriff »sexuelle Gewalt«, da er nicht nur die Bandbreite möglicher Erscheinungsformen einschließt, sondern auch auf den Zusammenhang von Sexualität und Gewalt verweist. Betont wird damit, dass nicht Sexualität an sich das Problem ist, sondern das gewaltförmige Handeln, das sich der Sexualität in verschiedenen Formen bedient (Reh et al. 2012, S. 15).

Ähnlich passend wäre auch der Begriff »sexualisierte Gewalt« gewesen. Ob von sexueller oder sexualisierter Gewalt gesprochen wird, ist eine Frage der wissenschaftlichen Perspektive. Für Betroffene ist der Begriff der sexuellen Gewalt in vielen Fällen eindeutiger. Zudem ist er in der öffentlichen Diskussion gebräuchlicher, weshalb wir uns für diesen entschieden haben.

Für wen und warum ist das Thema »sexuelle Gewalt« relevant?

Den meisten pädagogischen Fachkräften und Lehrkräften, die mit Kindern und Jugendlichen arbeiten, ist das Thema »sexuelle Gewalt« gegenwärtig. In den letzten Jahren ist es immer wieder in verschiedenen Zusammenhängen – zu nennen sind hier u. a. die Odenwaldschule, die Skandale in Einrichtungen der katholischen Kirche oder in Kinderheimen – in der Öffentlichkeit, aber auch in den pädagogischen Fachkreisen diskutiert worden. Was allerdings bislang fehlte, waren verlässliche Daten über die Verbreitung sexueller Gewalt in Kindheit und Jugend. Die Studie Speak! legt hierzu repräsentative Zahlen vor. Diese zeigen, dass sexuelle Gewalt weitverbreitet ist und sie damit zu den zentralen Themen und Arbeitsbereichen pädagogischer Berufe gehört und dass in vielen Fällen auch entsprechender Handlungsbedarf besteht – wie etwa in der Schule. So zeigt Speak! u. a., dass ein großer Teil der Jugendlichen sexuelle Gewalt selbst schon erlebt hat. Fast die Hälfte der Befragten (48 Prozent) haben Erfahrungen mit *nicht-körperlichen* Formen sexueller Gewalt, z. B. über verbale sexuelle Beleidigungen oder sexuelle Belästigung im Internet, gemacht. Fast ein Viertel (23 Prozent) der befragten Jugendlichen hat bislang mindestens einmal im Leben *körperliche* sexuelle Gewalt erlebt, z. B. als sexuelle Gewalt mit direktem Körperkontakt – in Form von »Antatschen«, gegen den Willen geküsst oder am Geschlechtsteil berührt worden zu sein. Mädchen sind besonders häufig betroffen.

Jugendliche erleben sexuelle Gewalt nicht nur selbst: Über zwei Drittel (70 Prozent) aller befragten Jugendlichen haben sexuelle Gewalt mindestens einmal *beobachtet*, ein gutes Drittel (38 Prozent) hat außerdem von sexueller Gewalt im persönlichen Umfeld *gehört*.

Ein zentraler Befund von Speak! ist, dass es sich in der Mehrheit der Fälle um Gleichaltrige handelt, durch die Heranwachsende sexuelle Gewalt erleben. 3 Prozent aller von uns befragten Jugendlichen geben an, dass Angehörige der (erweiterten) Familie die Täter/innen waren (das entspricht bei einer Klassengröße von 30 Schüler/innen also in etwa einer/einem Schüler/in je Klasse); 1,3 Prozent aller Befragten geben dabei körperliche sexuelle Gewalt durch Angehörige der Familie zu Protokoll.

Insgesamt verdeutlichen unsere Ergebnisse, dass sexuelle Gewalt eine weitverbreitete Erfahrung unter Jugendlichen ist. Für die pädagogische Arbeit heißt das, genauer hinzuschauen, nachzufragen, auch zu intervenieren. Sexuelle Gewalt in Gesprächen mit Jugendlichen zu thematisieren, ist eine weitere, längerfristige, Aufgabe für alle Erwachsenen, die mit Jugendlichen zu tun haben. Dabei ist zentral, dass jugendliche Schüler/innen ein »Feeling« für kritische Situationen entwickeln und benennen können, was ihnen Unbehagen bereitet etc. Erwachsene, Lehrkräfte, Eltern usw. müssen zudem zu vertrauenswürdigen Gesprächspartner/innen werden. Dass sie dies bislang viel zu selten sind, zeigt sich darin, dass zwar über die Hälfte der von sexueller Gewalt Betroffenen darüber spricht – aber die allermeisten reden vor allem mit ihren Freund/innen darüber.

In den folgenden Kapiteln werden wir die einzelnen hier nur kurz angedeuteten Befunde vertiefen, weitere hinzufügen und am Ende Präventionsmöglichkeiten und -wege diskutieren, um künftig effektiv sexueller Gewalt begegnen und vorbeugen zu können. Neben den pädagogischen Fachkräften möchten wir mit diesem Buch auch Eltern ansprechen, die Kinder im Jugendalter haben. Vielleicht kann das Buch auch ihnen dabei helfen, ihre Kinder durch die (risikoreiche) Zeit der Jugend zu begleiten.

Zur Gestaltung des Buchs

Gewalt jeder Art verletzt die persönlichen Grenzen eines Menschen. Zugleich finden sich Reaktionen, die eine gewisse Distanz schaffen – durch die Betroffenen selbst, durch Beobachter/innen oder auch Bezugspersonen wie Elternteile und Lehrer/innen. Dies spiegelt sich in der Gestaltung des Buches wider. Die gewählten Fotografien überschreiten durch extreme Nahaufnahmen eine natürliche Distanz; in Kombination mit Aufnahmen aus der Vogelperspektive und dadurch, dass die Personen nie vollständig gezeigt werden, wird zugleich das Wechselspiel von Nähe und Distanz, von Subjektivität und Objektivität aufgegriffen.

Dankeschön

Das gesamte Speak!-Team bedankt sich sehr herzlich – und das mehr als zweieinhalbtausendmal – bei allen Schülerinnen und Schülern, die sich in großer Offenheit und Ernsthaftigkeit zum Thema sexuelle Gewalt geäußert haben. Die Stimmen dieser Jugendlichen haben die Studie Speak! erst ermöglicht. Wir bedanken uns auch bei den über 50 Schulleiter/innen, die uns und der Studie Speak! ihr Vertrauen geschenkt und uns in ihre Schulen gelassen haben. Dank auch an die Lehrkräfte und an die Elternvertreter/innen, die die Befragung unterstützt haben. Im Besonderen bedanken wir uns bei Wildwasser Gießen e.V., die das Projekt von Anfang an mit großer Kompetenz inhaltlich und praktisch begleitet haben. Hinter dem Projekt Speak! steht ein engagiertes Team, dem wir herzlich danken möchten: all den Interview-Teams, die monatelang in über 150 Klassen Einsätze geleistet haben, den Studierenden, die die Daten eingegeben haben, und den studentischen Kräften, die das Projekt tatkräftig unterstützt haben.

Dem Hessischen Kultusministerium (HKM) danken wir für die finanzielle Unterstützung der Studie und dort dem Fachreferenten Herrn Dr. Jeck für eine Vielzahl inhaltlicher Impulse.

Die Studie Speak! zu koordinieren stellte eine verantwortungsvolle, manchmal nervenaufreibende und logistisch herausfordernde Aufgabe dar – unsere wissenschaftliche Koordinatorin Karen Anschütz hat diese Aufgabe mit Bravour gelöst: herzlichen Dank dafür! Ein weiteres Dankeschön gilt dem unermüdlichen und engagierten Einsatz der Mitarbeiter/innen des Projekt-Teams: Saskia Lapp, Ann-Cathrin Mücke-Gehrhardt, Henning Schütz und Lisa J. Smith. Unterstützt wurden wir außerdem von Amina Fraij, Marie-Luise Dietz, Benjamin Mäßer, Johanna Schmidt und Sam Schneider.

2 — Wer ist von sexueller Gewalt betroffen?

»Man sollte nicht leichtsinnig sein und zu offen auf andere Menschen zugehen, viele nutzen das aus. Man sollte niemandem zeigen, wie verletzt man ist.«

Erwachsene, die Heranwachsende pädagogisch betreuen, wünschen sich, dass diese in einer sicheren Umgebung aufwachsen, in der sie vor Gewalterfahrungen verschont bleiben. Wie in der Einleitung skizziert, werden jedoch gerade Jugendliche recht häufig mit sexuellen Gewalterfahrungen konfrontiert. Um die Lebensbereiche für Jugendliche sicherer zu machen bzw. präventive Konzepte entwickeln zu können, benötigen wir eine möglichst umfangreiche und fundierte Datenbasis z. B. über das Ausmaß, die Formen und die Wirkungen sexueller Gewalt. Wir beginnen in diesem Kapitel mit der Frage, wer von sexueller Gewalt betroffen ist. Um die biografischen Erfahrungen der Jugendlichen umfassend abzubilden, haben wir im Fragebogen die Möglichkeit gegeben, eine große Spannbreite von Erfahrungen mit sexueller Gewalt angeben zu können. Und dies unabhängig davon, zu welchem Zeitpunkt sie gemacht wurden (»Lebenszeit-Prävalenz«). Dadurch haben die Jugendlichen die Möglichkeit, eine Vielzahl an möglichen Erfahrungen mit sexueller Gewalt über die gesamte Lebenszeit einbringen zu können – ohne dazu genötigt zu werden, sich auf einen bestimmten Zeitraum oder bestimmte Erfahrungen reduzieren zu müssen. Das bedeutet, sie können sowohl über Erfahrungen mit sexueller Gewalt berichten, die sich auf ihre aktuelle jugendliche Erfahrungs- und Lebenswelt beziehen, als auch über länger zurückliegende Erfahrungen, die z. B. in der Kindheit liegen. Die Befragung von Jugendlichen hat hier den Vorteil, dass die Ereignisse in der Kindheit noch nicht lange zurückliegen (wie dies etwa ein Nachteil bei der Befragung von Erwachsenen ist). Allerdings kann die Prävalenz früher Erfahrungen in unserer Studie auch unterschätzt werden (s. dazu die Anmerkungen am Ende von Kapitel 2).

Um eine unterschiedslose Einstufung verschiedener Gewalthandlungen – bspw. von sexuellen Kommentaren bis zu Vergewaltigungserfahrungen – unter einen Begriff zu vermeiden, unterscheidet Speak! zwischen verschiedenen Erfahrungen mit Körperkontakt und solchen ohne. Wir stellen dies im folgenden Kapitel im Einzelnen vor.

2.1 WER IST VON WELCHEN FORMEN SEXUELLER GEWALT BETROFFEN?

Erfahrungen mit nicht-körperlicher sexueller Gewalt

Die nicht-körperlichen Erfahrungsformen wurden in drei Erfahrungsbereiche eingeteilt: verbale und/oder schriftliche Formen, Konfrontationen mit sexuellen Handlungen und Viktimisierungserfahrungen im Internet (Abb. 1). Wir haben die Jugendlichen hierzu gefragt: »Hast du solche oder ähnliche Dinge selbst schon mal erlebt?« Sie konnten zu jeder der aufgelisteten Erfahrungen mit Ja oder Nein antworten. Da es möglich ist, dass mehrere dieser Erfahrungen in ein und demselben situativen Zusammenhang erlebt wurden, sprechen wir hier von Erfahrungs*formen*.

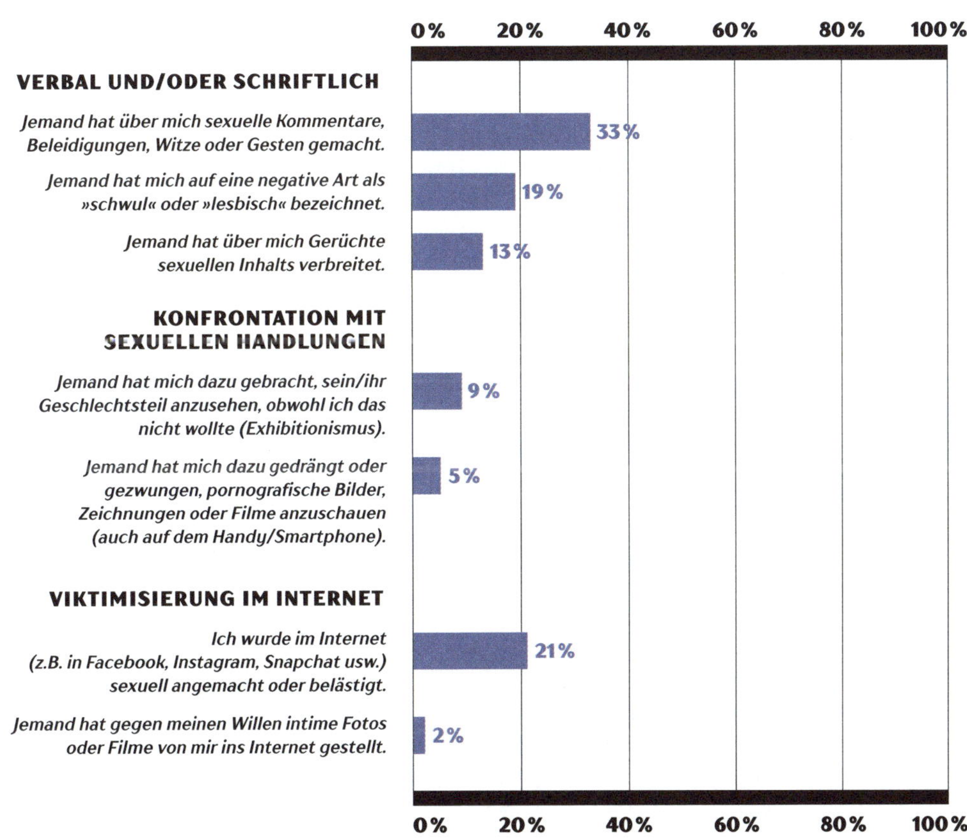

Abb. 1: Erfahrungen Betroffener mit nicht-körperlicher sexueller Gewalt (Erfahrungsformen) | Speak! n=2.651, gewichtete Daten, Mehrfachantworten möglich

48 Prozent, also fast die Hälfte der befragten 9.- und 10.-Klässler, haben mindestens eine der von uns abgefragten Formen nicht-körperlicher sexueller Gewalt erlebt.

Verbale und/oder schriftliche Formen: Diese Kategorie wurde von den meisten Jugendlichen genannt. Ein Drittel der Befragten (33 Prozent) gibt an, bislang mindestens einmal im Leben sexuelle Gewalt in Form von sexuell konnotierten Kommentaren, Beleidigungen, Witzen oder Gesten erlebt zu haben. 19 Prozent der Befragten wurden auf negative Art als »schwul« oder »lesbisch« bezeichnet und 13 Prozent haben es erlebt, dass Gerüchte sexuellen Inhalts über sie verbreitet wurden.

Konfrontation mit sexuellen Handlungen: In dieser zweiten Kategorien geben 9 Prozent der Befragten an, dass sie dazu gebracht wurden, sich das Geschlechtsteil einer anderen Person anzusehen (Exhibitionismus), und 5 Prozent wurden schon einmal dazu gedrängt oder gezwungen, pornografische Bilder o.Ä. etwa auf dem Smartphone anzuschauen.

Viktimisierung im Internet: In der dritten Kategorie zeigt sich, dass jede/r fünfte Jugendliche (21 Prozent) bereits mindestens einmal im Internet »sexuell angemacht oder belästigt« wurde. Damit gehört das Internet zu einem zentralen Erfahrungsfeld nicht-körperlicher sexueller Gewalt. 2 Prozent geben außerdem an, dass gegen ihren Willen intime Fotos oder Filme von ihnen ins Internet gestellt wurden.

Verweildauer im Internet: Weitere Auswertungen (ohne Abb.) zeigen, dass Jugendliche, die über Viktimisierungserfahrungen im Internet berichten, im Durchschnitt etwa eine Stunde länger im Internet verbringen (insgesamt 4,3 Stunden täglich) als Jugendliche, die keine vergleichbaren Erfahrungen angeben (diese verbringen im Durchschnitt 3,2 Stunden täglich im Internet).

Anzahl der erlebten Erfahrungsformen: Unter den betroffenen Jugendlichen (48 Prozent) haben 38 Prozent eine, 32 Prozent zwei und 30 Prozent drei und mehr der abgefragten Formen zu Protokoll gegeben. Die Mehrheit von ihnen berichtet also über mehrere Erfahrungsformen.

Erfahrungsformen nach Geschlecht: Wie Abbildung 2 zeigt, unterscheiden sich die Erfahrungen von Mädchen und Jungen deutlich (das heißt in allen Fällen statistisch signifikant) voneinander.

Verbale und/oder schriftliche Formen: 41 Prozent der Mädchen und 26 Prozent der Jungen geben an, dass über sie sexuelle Kommentare, Beleidigungen oder Witze gemacht wurden. Eine Ausnahme im Vergleich zwischen Mädchen und Jungen zeigt sich bezüglich der Erfahrung, in einer negativen Art und Weise als »schwul« oder »lesbisch« bezeichnet zu werden. Diese Form homophober (verbaler) sexueller Gewalt zielt stärker auf männliche Jugendliche. 26 Prozent der Jungen und 13 Prozent der Mädchen berichten davon.

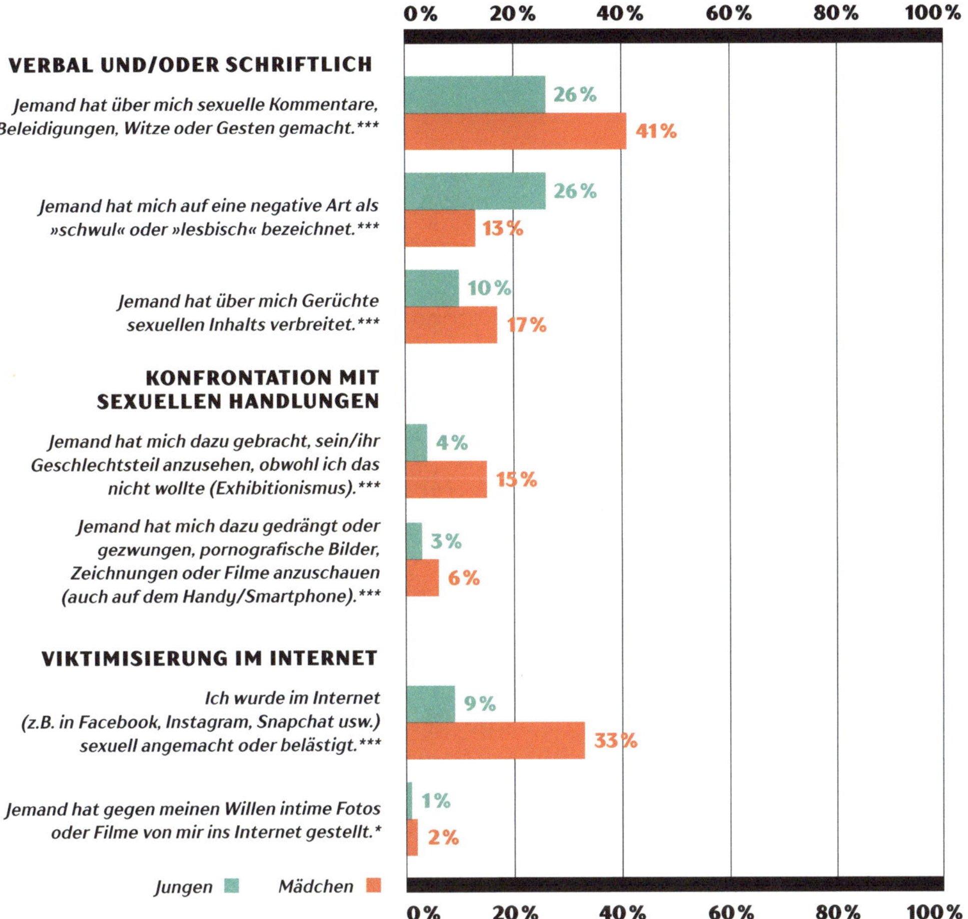

Abb. 2: Erfahrungen mit nicht-körperlicher sexueller Gewalt als Betroffene – Erfahrungsformen getrennt nach Geschlecht | Speak! n=2.651, gewichtete Daten; Testung der Gruppenunterschiede basierend auf zweiseitigem Chi-Quadrat-Test (*** = $p \leq .001$; ** = $p \leq .01$; * = $p \leq .05$), Mehrfachantworten möglich

ZUSAMMENFASSUNG
Mädchen sind von nicht-körperlicher sexueller Gewalt deutlich häufiger betroffen als Jungen.

Konfrontation mit sexuellen Handlungen: Der Geschlechterunterschied ist auch hinsichtlich dieser Kategorie groß. Mädchen sind mit 15 Prozent fast viermal so häufig von exhibitionistischen Handlungen betroffen als Jungen mit 4 Prozent. Unfreiwillig mit pornografischen Bildern konfrontiert zu werden, berichten 6 Prozent der Mädchen und 3 Prozent der Jungen.

Viktimisierung im Internet: Auch bezogen auf die dritte Kategorie sind die Zahlen eindeutig: Mädchen werden mit 33 Prozent signifikant häufiger im Internet sexuell »angemacht« oder belästigt als Jungen (9 Prozent).

Alter der Betroffenen (ohne Abb.): Es zeigt sich, dass die Lebenszeit-Prävalenz nahezu aller Erfahrungsformen mit zunehmendem Alter ansteigt. Während bspw. etwa 30 Prozent der 14-Jährigen über sexuelle Beleidigungen durch andere berichten, geben dies 39 Prozent der 16-Jährigen an. 18 Prozent der 14-Jährigen haben bereits die Erfahrung gemacht, im Internet sexuell angemacht worden zu sein, bei den 16-Jährigen steigt diese Quote auf 27 Prozent (s. auch Kap. 2.2).

Weitere Unterscheidungsmerkmale (ohne Abb.): Neben dem Alter und dem Geschlecht der Befragten haben wir – das gilt auch für alle folgenden Kapitel – zusätzlich untersucht, ob die soziale Herkunft (soziale Schicht), der besuchte Bildungsgang oder der Migrationsstatus Auswirkungen auf die berichteten Befunde haben. Mit Blick auf die Erfahrungen mit nicht-körperlicher sexueller Gewalt zeigt sich dabei, dass diese Merkmale alles in allem keine statistisch bedeutsamen differenziellen Auswirkungen haben.

Häufigkeit der Erfahrungen: Wir haben die Jugendlichen auch gefragt, wie häufig sie die genannten Erfahrungen bereits gemacht haben (der Abfragemodus erlaubt dabei in den meisten Fällen keine eindeutigen Rückschlüsse auf einzelne Erfahrungsformen, sondern bezieht sich global auf alle gemachten Erfahrungen im Bereich nicht-körperlicher sexueller Gewalt). Abbildung 3 zeigt zum einen, dass Mädchen mit 55 Prozent (signifikant) häufiger über nicht-körperliche sexuelle Gewalterfahrungen berichten als Jungen mit 40 Prozent. Zum anderen zeigt sie, dass von den Mädchen, die über entsprechende Erfahrungen berichten, 38 Prozent sagen, dies bereits zwei oder dreimal, 40 Prozent sogar viermal oder öfter erlebt zu haben. Auch bei den Jungen gibt die Mehrheit derer, die über Erfahrungen im Bereich nicht-körperlicher sexueller Gewalt berichten, an, solche Erfahrungen nicht nur einmal gemacht zu haben.

»Zu sexueller Gewalt zählt wohl auch, dass man dumm angemacht/beleidigt wird, wenn man sich als homosexuell outet bzw. bisexuell. Ich finde im Allgemeinen es einfach nur unnötig [...] als ›Lesbe‹ oder ›Schwuchtel‹ zu beleidigen. Damit beleidigt man auch indirekt Homosexuelle, was wiederum homophob ist. Der Mensch bleibt Mensch. Egal ob hetero, lesbisch, schwul oder bi.«

»Auf einer Party von Freunden hat mich ein Fremder, ca. 17 Jahre, an Brust, Taille und Oberschenkel angefasst und mich an die Wand gedrückt. Ich habe ihn weggestoßen. Das haben einige gesehen.«

HAST DU ERFAHRUNGEN MIT NICHT-KÖRPERLICHER SEXUELLER GEWALT? WENN JA, WIE HÄUFIG?

MÄDCHEN IN %

45
Nein

55
Ja, davon:

1-mal	22
2- bis 3-mal	38
4-mal und öfter	40

JUNGEN IN %

40

Ja, davon:

60

Nein

1-mal	26
2- bis 3-mal	33
4-mal und öfter	41

Ratschläge der Jugendlichen

Wir haben die Jugendlichen, die nicht-körperliche sexuelle Gewalt erfahren haben, gefragt: »Deine Erfahrungen, die du gemacht hast, können wichtig sein, um anderen zu helfen. Welchen Rat würdest du einer Person geben, die auch so etwas wie du erlebt hat?« Die Jugendlichen konnten dazu mit eigenen Worten Empfehlungen formulieren. Viele haben von dieser Möglichkeit Gebrauch gemacht. Tabelle 1 zeigt die fünf meistgenannten Antwort-Kategorien.

Rang	Kategorie	Prozent der Fälle
1	»Mit jemandem reden«	22
2	»Mit Freunden, denen du vertraust, sprechen«	12
3	»Nicht ernst nehmen, darüber lachen; es ist normal«	9
4	»Nicht an dich heranlassen; nicht unterkriegen lassen«	8
5	»Mit Personen des Vertrauens reden«	8

Tab. 1: Ratschläge der Jugendlichen, die nicht-körperliche sexuelle Gewalt erlebt haben – die fünf von den meisten Jugendlichen genannten Antwort-Kategorien | Speak! $n_{gültig}$=781, gewichtete Daten, Mehrfachantworten möglich

Die wichtigste Empfehlung ist, dies geben 22 Prozent der Jugendlichen an, mit jemandem darüber zu reden. Dies wird weiter spezifiziert: Es sollten Freunde sein, denen man vertraut (12 Prozent) oder Personen des Vertrauens (8 Prozent). Von 9 bzw. 8 Prozent der Betroffenen werden Strategien wie »nicht ernst nehmen« oder »nicht an dich heranlassen« genannt. Hier einige der Ratschläge im Wortlaut:

- »Rede sofort mit einem Lehrer/in darüber, sonst leidest du ewig darunter. Ich hatte es auch bereut, mir keine Hilfe geholt zu haben.«
- »Man sollte so welche Beleidigungen nicht runterschlucken, sondern reden! Das kann auch nur mit dem/der besten Freund/in sein.«
- »Nichts drauf geben, die Typen wollen dich leiden sehen.«
- »Einfach ignorieren. Wenn es Fremde sind, solltest du nicht darüber nachdenken. Im Internet können die dir nichts.«

Erfahrungen mit körperlicher sexueller Gewalt

Fast ein Viertel (23 Prozent) der befragten Jugendlichen hat bislang mindestens einmal im Leben eine der von uns aufgelisteten körperlichen sexuellen Gewalterfahrungen gemacht. Bezogen auf die körperlichen Formen sexueller Gewalt unterscheiden wir zwischen solchen mit direktem Körperkontakt und solchen mit indirektem. Um die Schwere der Gewalterfahrungen mit direktem Körperkontakt zu berücksichtigen, haben wir weiter danach differenziert, ob versucht wurde, die Betroffenen zum Geschlechtsverkehr zu drängen oder zu zwingen (versuchte Penetration) oder ob der Geschlechtsverkehr unter Drängen/Zwang vollzogen wurde (vollzogene Penetration) (Abb. 4).

Direkter Körperkontakt: 18 Prozent der Befragten geben an, bislang mindestens einmal im Leben sexuelle Gewalt in direktem Körperkontakt – in Form

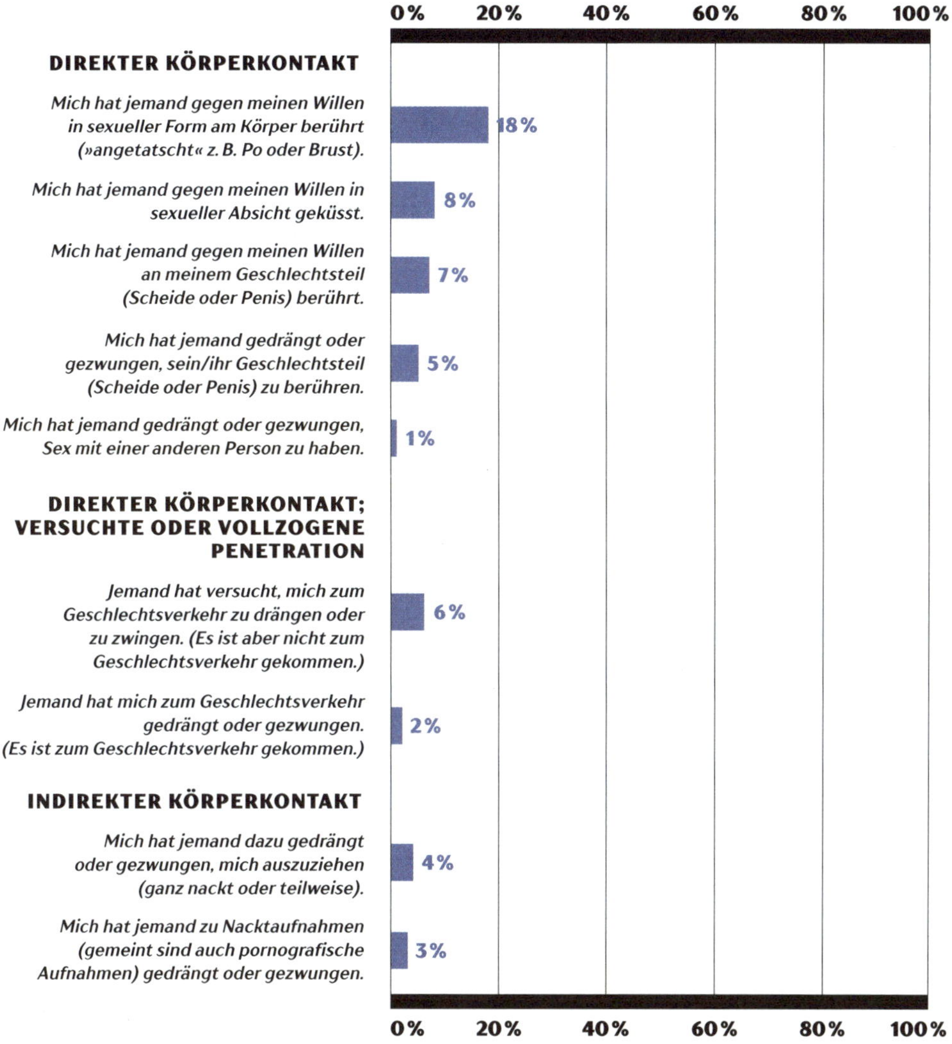

DIREKTER KÖRPERKONTAKT	
Mich hat jemand gegen meinen Willen in sexueller Form am Körper berührt (»angetatscht« z. B. Po oder Brust).	18 %
Mich hat jemand gegen meinen Willen in sexueller Absicht geküsst.	8 %
Mich hat jemand gegen meinen Willen an meinem Geschlechtsteil (Scheide oder Penis) berührt.	7 %
Mich hat jemand gedrängt oder gezwungen, sein/ihr Geschlechtsteil (Scheide oder Penis) zu berühren.	5 %
Mich hat jemand gedrängt oder gezwungen, Sex mit einer anderen Person zu haben.	1 %
DIREKTER KÖRPERKONTAKT; VERSUCHTE ODER VOLLZOGENE PENETRATION	
Jemand hat versucht, mich zum Geschlechtsverkehr zu drängen oder zu zwingen. (Es ist aber nicht zum Geschlechtsverkehr gekommen.)	6 %
Jemand hat mich zum Geschlechtsverkehr gedrängt oder gezwungen. (Es ist zum Geschlechtsverkehr gekommen.)	2 %
INDIREKTER KÖRPERKONTAKT	
Mich hat jemand dazu gedrängt oder gezwungen, mich auszuziehen (ganz nackt oder teilweise).	4 %
Mich hat jemand zu Nacktaufnahmen (gemeint sind auch pornografische Aufnahmen) gedrängt oder gezwungen.	3 %

Achse: 0 % 20 % 40 % 60 % 80 % 100 %

Abb. 4: Erfahrungen Betroffener mit körperlicher sexueller Gewalt (Erfahrungsformen) | Speak! n=2.651, gewichtete Daten, Mehrfachantworten möglich

des »Antatschens« – erlebt zu haben. 8 Prozent berichten, gegen ihren Willen geküsst worden zu sein, 7 Prozent wurden gegen ihren Willen am Geschlechtsteil berührt und 5 Prozent geben an, gedrängt oder gezwungen worden zu sein, eine andere Person am Geschlechtsteil zu berühren.

Versuchte oder vollzogene Penetration: 6 Prozent aller befragten Jugendlichen haben es bislang erlebt, dass man sie zum Geschlechtsverkehr drängen oder zwingen wollte (versuchte Penetration) und 2 Prozent wurden zum Geschlechtsverkehr gedrängt oder gezwungen (vollzogene Penetration).

Indirekter Körperkontakt: Diese dritte Kategorie beinhaltet, von jemandem gedrängt oder gezwungen worden zu sein, sich auszuziehen (4 Prozent der Befragten haben das erlebt) oder von sich Nacktaufnahmen bzw. pornografische Aufnahmen zu machen (dies trifft auf 3 Prozent zu).

Anzahl der erlebten Erfahrungsformen: Von den Befragten, die körperliche sexuelle Gewalterfahrungen gemacht haben, haben 47 Prozent eine, 21 Prozent zwei und 32 Prozent drei und mehr Formen erlebt.

Erfahrungsformen nach Geschlecht: Mädchen sind einem deutlich höheren Risiko ausgesetzt, sexuelle körperliche Gewalterfahrungen zu machen, als Jungen. 35 Prozent der Mädchen berichten davon, gegenüber 10 Prozent der Jungen (s. Abb. 6). Wie darüber hinaus Abbildung 5 zeigt, gilt dies auch für jede einzelne von uns erfragte Erfahrungsform.

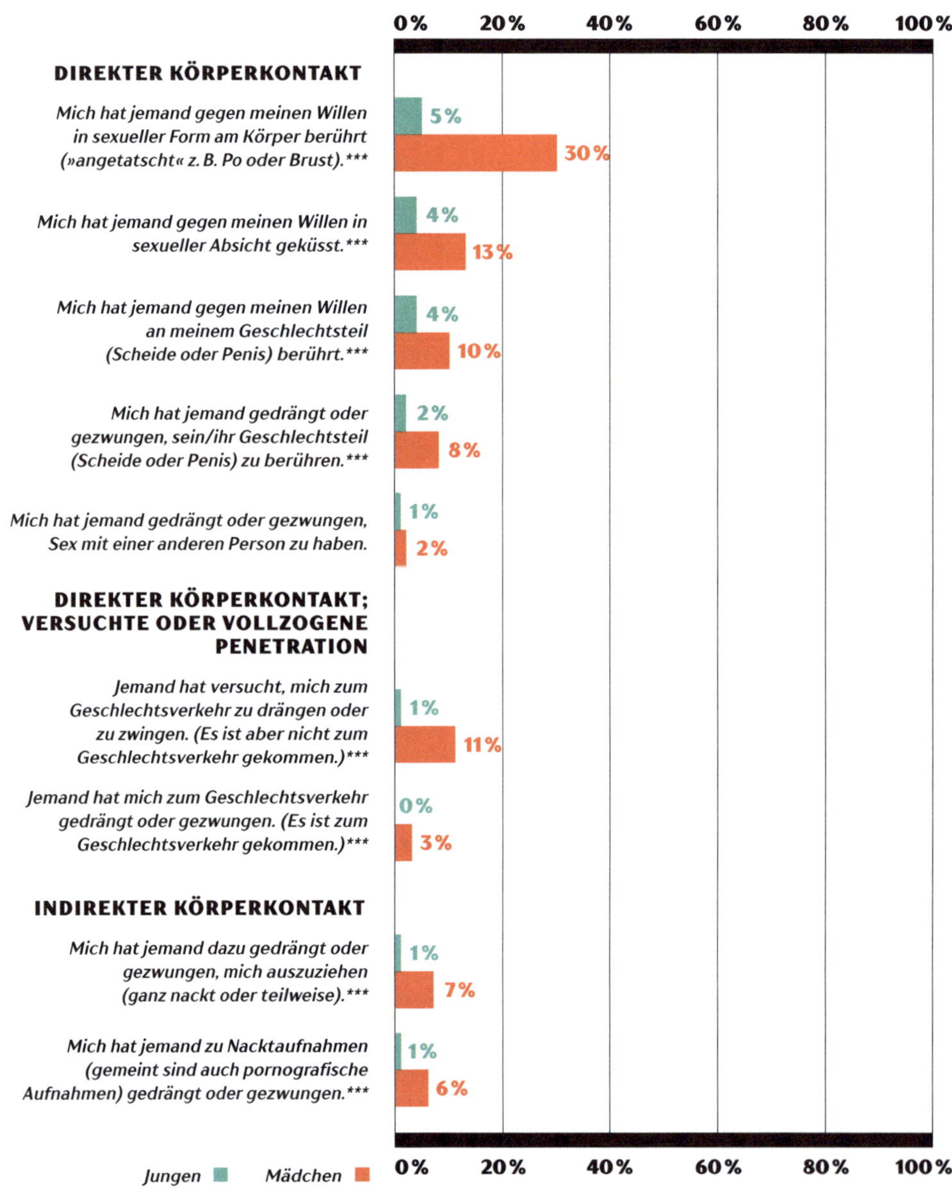

Abb. 5: Erfahrungen Betroffener mit körperlicher sexueller Gewalt – Erfahrungsformen getrennt nach Geschlecht | Speak! n=2.651, gewichtete Daten; Testung der Gruppenunterschiede basierend auf zweiseitigem Chi-Quadrat-Test (*** = $p \leq .001$; ** = $p \leq .01$; * = $p \leq .05$), Mehrfachantworten möglich

Direkter Körperkontakt: Fast ein Drittel (30 Prozent) der Mädchen hat erlebt, z. B. an Po oder Brust »angetatscht« zu werden (zum Vergleich: 5 Prozent der Jungen berichten über eine solche Erfahrung). Ähnlich verhält es sich mit der Erfahrung, in sexueller Absicht gegen den eigenen Willen geküsst worden zu sein; diese Form sexueller Gewalt erleben dreimal so viele Mädchen (13 Prozent) wie Jungen (4 Prozent). 10 Prozent der Mädchen wurden gegen ihren Willen am Geschlechtsteil berührt, dieser Prozentsatz liegt bei Jungen bei 4 Prozent.

Versuchte oder vollzogene Penetration: Von direktem Körperkontakt mit dem Versuch der Penetration berichten 11 Prozent der Mädchen gegenüber 1 Prozent der Jungen. Zum Geschlechtsverkehr mit vollzogener Penetration gedrängt oder gezwungen worden zu sein, wird von 3 Prozent der Mädchen und 0,3 Prozent der Jungen berichtet.

Alter der Betroffenen (ohne Abb.): Auch bei den körperlichen Erfahrungen sexueller Gewalt zeigt sich, dass die Lebenszeit-Prävalenz bis auf wenige Ausnahmen (»gegen den Willen geküsst werden« und »zu Nacktaufnahmen gedrängt/gezwungen werden«) mit zunehmendem Alter (nahezu) linear ansteigt. 13 Prozent der 14-Jährigen geben bspw. an, gegen den eigenen Willen an Po oder Brust »angetatscht« worden zu sein. Dieser Anteil steigt bei den 16-Jährigen auf 23 Prozent. Von dem Versuch, zum Geschlechtsverkehr gezwungen worden zu sein (versuchte Penetration), berichten 4 Prozent der 14-Jährigen und 9 Prozent der 16-Jährigen.

ZUSAMMENFASSUNG
Mädchen sind deutlich stärker von körperlicher sexueller Gewalt betroffen als Jungen.

Weitere Unterscheidungsmerkmale: Im Gegensatz zu den Unterschieden nach Geschlecht und Alter fallen die Unterschiede in den Prävalenzen nach besuchtem Bildungsgang, Schichtzugehörigkeit und Migrationshintergrund gering und unsystematisch aus. Jugendliche mit Migrationshintergrund berichten mit 9 Prozent signifikant häufiger als andere Jugendliche (mit 5 Prozent) von einem versuchten erzwungenen Geschlechtsverkehr und sie berichten mit 22 Prozent häufiger davon, gegen ihren Willen an Po oder Brust »angetatscht« worden zu sein (autochthone Jugendliche – das sind Jugendliche, deren beide Elternteile sowie sie selbst in Deutschland geboren sind: 16 Prozent). Jugendliche aus der Unterschicht und unteren Mittelschicht (im Sinne des World Vision Indikators; Hurrelmann & Andresen 2010, S. 408 f.) berichten mit 9 Prozent etwas häufiger als Gleichaltrige höherer Schichten ($\leq$ 5 Prozent) davon, gezwungen worden zu sein, die Geschlechtsteile anderer Personen anzufassen.

Häufigkeit der Erfahrungen: Von den Befragten, die körperliche sexuelle Gewalterfahrungen gemacht haben (23 Prozent der Gesamtstichprobe), berichtet ein Drittel (33 Prozent) von einer einmaligen Erfahrung, 38 Prozent von zwei- bis dreimaligen Erfahrungen, 29 Prozent von vier und mehr Erfahrungen usw. Das heißt, der größte Teil (zwei Drittel) derjenigen, die über körperliche sexuelle Gewalterfahrungen berichten, hat solche Erfahrungen bereits mehrere Male gemacht. Wie Abbildung 6 zeigt, gelten diese Anteile sowohl für Mädchen als auch für Jungen.

HAST DU ERFAHRUNGEN MIT KÖRPERLICHER SEXUELLER GEWALT? WENN JA, WIE HÄUFIG?

MÄDCHEN IN %

35
Ja, davon:

65
Nein

1-mal	33
2- bis 3-mal	38
4-mal und öfter	29

Abb. 6.5 Erfahrungen mit körperlicher sexueller Gewalt als Betroffene – Häufigkeit nach Geschlecht | Speak! n=2.651, gewichtete Daten; Testung der Gruppenunter

JUNGEN IN %

10

Ja, davon:

90

Nein

1-mal

34

2- bis 3-mal

39

4-mal und öfter

28

Ratschläge der Jugendlichen

Wir haben die Jugendlichen, die körperliche sexuelle Gewalt erlebt haben, auch gefragt: »Deine Erfahrungen, die du gemacht hast, können wichtig sein, um anderen zu helfen. Welchen Rat würdest du einer Person geben, die auch so etwas wie du erlebt hat?« Die Jugendlichen konnten dazu mit eigenen Worten ihre Empfehlungen formulieren. Ein großer Teil hat von dieser Möglichkeit Gebrauch gemacht. Über 1.200 Antworten wurden niedergeschrieben. Tabelle 2 zeigt die fünf von den meisten Jugendlichen genannten Antwort-Kategorien.

Rang	Kategorie	Prozent der Fälle
1	»Standpunkt klar machen; nur das tun, zu dem man bereit ist«	23
2	»Mit anderen reden«	21
3	»Mit vertrauten Menschen reden, die sich kümmern«	11
4	»Sich wehren«	11
5	»Aus dem Weg gehen; weglaufen«	8

Tab. 2: Ratschläge der Jugendlichen, die körperliche sexuelle Gewalt erlebt haben – die fünf von den meisten Jugendlichen genannten Antwort-Kategorien | Speak! $n_{gültig}$=781, gewichtete Daten, Mehrfachantworten möglich

Ein zentraler Rat, den 23 Prozent der Personen geben, lautet, von Anfang an Grenzen zu setzen, den eigenen Standpunkt zu klären und nur das zu tun, zu dem man bereit ist. Darauf folgt, mit 21 Prozent, mit anderen darüber zu reden. 11 Prozent geben außerdem an, dass dies vertraute Menschen sein sollten, die sich »kümmern«. 11 Prozent sagen aus, dass es wichtig ist, sich zu wehren, und 8 Prozent raten, dem Risiko aus dem Weg zu gehen bzw. wegzulaufen. Auch hier einige Ratschläge im Wortlaut:

- »Wenn euch einer zwingt, mit euch zu schlafen, seid stark genug, um wegzulaufen. Und lasst euch nicht überreden durch Druckmittel. Zeigt diese Person an.«
- »Sowas ist sehr schlimm. Ich verstehe jeden, der Angst hat bzw. es demjenigen peinlich ist. Dennoch gebe ich den Rat, redet! Reden ist so wichtig und es wird dir helfen.«
- »Nicht verstecken, offen darüber sprechen, denn es hilft – Selbstverteidigungskurse oder das Anfangen mit Kampfsportarten stärken das Selbstbewusstsein.«
- »Mit einer speziellen Vertrauensperson darüber zu reden. Mit der eigenen Mutter hat es nicht funktioniert bei mir, darum habe ich es nicht weiter versucht.«
- »Ich würde auf jeden Fall mit jemandem darüber reden. Mir hat es geholfen, mit einer Beratungsstelle zu reden.«
- »Sollte dich jemand anfassen oder es versuchen, musst du sofort die Hände dieser Person wegschlagen und einfach weitergehen.«
- »Versucht, es zu verhindern, ich hab der Person/den Personen in die Hand gekniffen, so dass es geblutet hat. Ich setze mich seitdem immer an das andere Ende im Bus.«
- »Reize verdecken, damit dich niemand anfasst.«

2.2 IN WELCHEM ALTER WERDEN SEXUELLE GEWALTERFAHRUNGEN DAS ERSTE MAL GEMACHT?

Nicht-körperliche Erfahrungen: Abbildung 7 gibt die Befunde, zu welchem Alter das erste Mal sexuelle Gewalt erlebt wurde, für die nicht-körperlichen Erfahrungsformen wieder. Die Auswertung bezieht sich nur auf die Befragten, die 15 Jahre und älter sind und auf deren Erfahrungen bis zum vollendeten 15. Lebensjahr. Diese Einschränkung, nur eine abgeschlossene Altersphase zu betrachten, die die jeweils einbezogenen Befragten bereits alle hinter sich haben, verhindert eine Verzerrung der Befunde (Problem rechtszensierter Daten). Wir haben gefragt: »Wie alt warst du, als es (zum ersten Mal) passierte?« Etwa drei Viertel (74 Prozent) derjenigen, die über Erfahrungen im Bereich

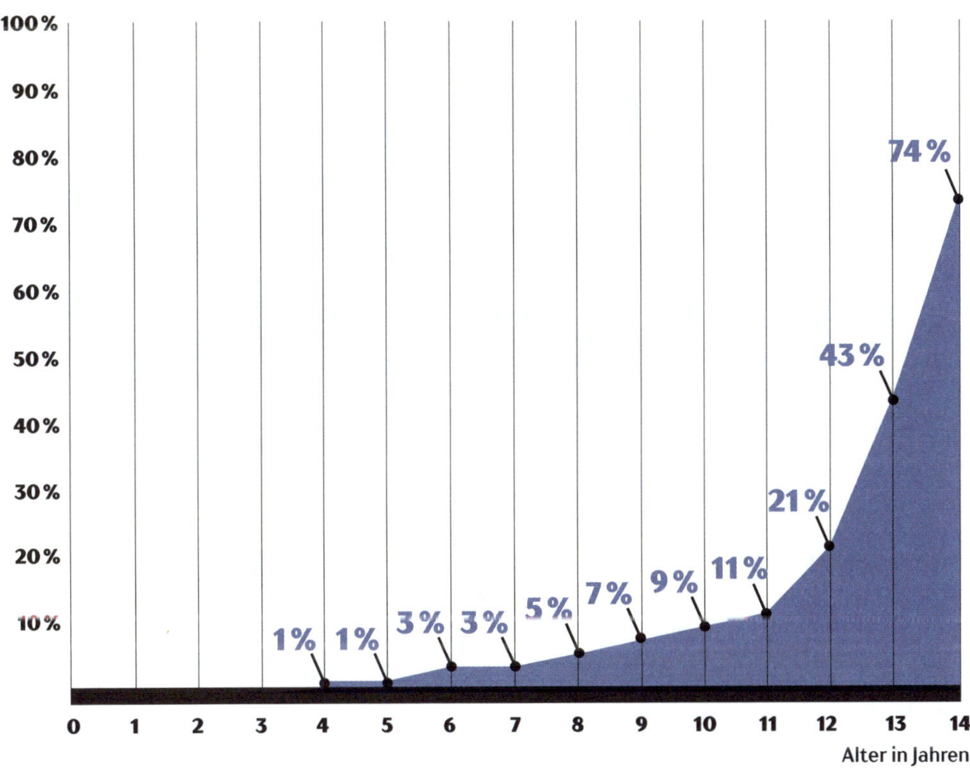

Abb. 7: Alter, zu dem die Jugendlichen zum ersten Mal nicht-körperliche sexuelle Gewalt als Betroffene erfahren – nur 15-Jährige und ältere Jugendliche | Speak! $n_{gültig}$=881, gewichtete Daten

nicht-körperlicher sexueller Gewalt berichten, machen ihre erste Erfahrung bis zum Alter von 14 Jahren. Die Linie zeigt zudem, dass, nach einem moderaten Anstieg im Alter zwischen 8 und ca. 11 Jahren, ein deutlicher Anstieg des Erfahrungsrisikos im Alter von 11/12 Jahren einsetzt (der Zuwachs von den 11- auf die 12-Jährigen beträgt 10 Prozentpunkte), mit sprunghaftem Zuwachs von den 12- zu den 13-Jährigen (mit einem Zuwachs von 23 Prozentpunkten) und den 13- zu den 14-Jährigen (hier beträgt der Zuwachs 31 Prozentpunkte). Verlässliche Angaben zu späteren Zeitpunkten können wir aufgrund der rechtszensierten Daten (s. oben) nicht treffen.

Körperliche Erfahrungsformen: Die Auswertung (Abb. 8) bezieht sich auch hier nur auf die 15 Jahre alten und älteren Befragten, da nur sie auf das Alter bis 14 Jahre als abgeschlossene Lebensphase zurückblicken können.

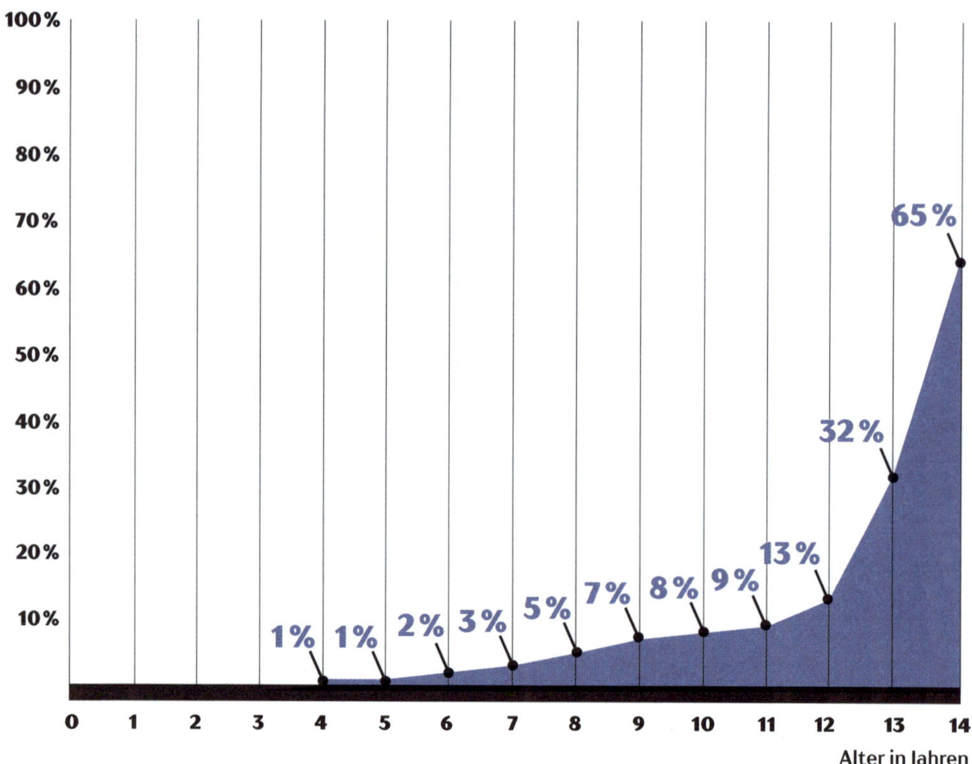

Abb. 8: Alter, zu dem die Jugendlichen zum ersten Mal körperliche sexuelle Gewalt als Betroffene erfahren – nur 15-Jährige und ältere Jugendliche | Speak! $n_{gültig}$=447, gewichtete Daten

ZUSAMMENFASSUNG
Ein sprunghafter Anstieg sexueller Gewalterfahrungen ist ab etwa 12 Jahren – mit Beginn der Pubertät – zu verzeichnen.

Knapp zwei Drittel (65 Prozent) derjenigen, die über Erfahrungen im Bereich körperlicher sexueller Gewalt berichten, machen diese Erfahrung bis zum Alter von 14 Jahren. Die Linie zeigt zudem, dass ein starker Anstieg des Erfahrungsrisikos mit dem 12. Lebensjahr einsetzt. Das Erlebensrisiko steigt bis zum 13. Lebensjahr um fast 20 Prozentpunkte von 13 auf 32 Prozent und im Jahr darauf um mehr als 30 Prozentpunkte von 32 auf 65 Prozent.

2.3 WO IST ES PASSIERT?

Wo erleben Jugendliche nicht-körperliche sexuelle Gewalt?

Aus einer Liste von insgesamt 34 vorgegebenen Orten (eine zusätzliche Option bestand darin, auch nicht in der Liste enthaltende Orte handschriftlich einzutragen) konnten die Befragten bis zu sechs Orte auswählen (Mehrfachantworten) und damit verorten, wo sie nicht-körperliche sexuelle Gewalt erlebt haben. Der Blick wird darauf gerichtet, welche Umgebungen und Orte aus der Perspektive Jugendlicher besonders risikoreich sind. Die folgenden Anteilsangaben beziehen sich auf die Zahl der Fälle (Betroffene) und nicht auf die Zahl der genannten Orte (Nennungen).

Mit Blick auf die folgenden Befunde ist zu betonen, dass außer in den Fällen, in denen nur eine einzige Erfahrungsform im Bereich körperlicher sexueller Gewalt angegeben wurde, kein eindeutiger Bezug zwischen dem Ort, wo es geschehen ist, und einer spezifischen Erfahrungsform hergestellt werden kann.

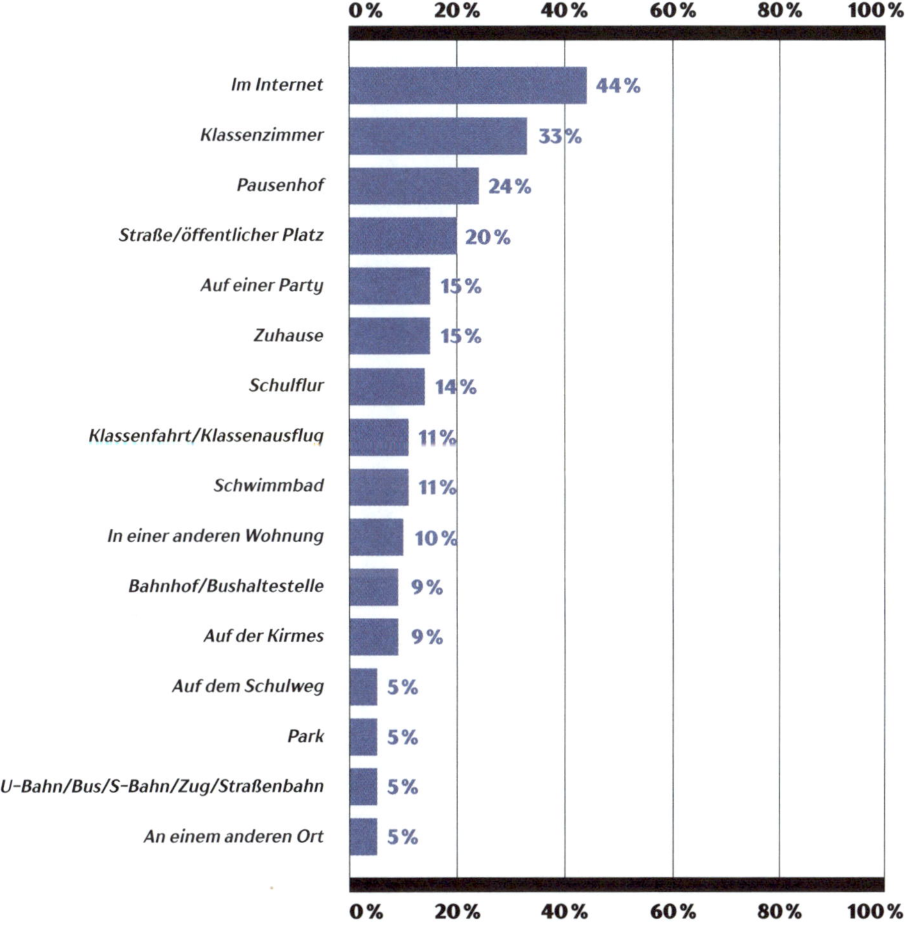

Abb. 9: Die 16 von den meisten Befragten genannten Orte, an denen sie nicht-körperliche sexuelle Gewalt erfahren haben – Prozentuierung auf der Basis der Fälle (Betroffene) | Speak! $n_{gültig}$=1.053, gewichtete Daten, Mehrfachantworten möglich

Orte: 44 Prozent der Befragten geben an, dass sie ihre Erfahrung(en) mit Formen nicht-körperlicher sexueller Gewalt im Internet gemacht haben, dicht gefolgt vom Klassenzimmer (33 Prozent), dem Pausenhof (24 Prozent) und der Straße bzw. dem öffentlichen Platz (20 Prozent). Im Rahmen einer Party ist es nach Angaben von 15 Prozent der Betroffenen zu nicht-körperlicher sexueller Gewalt gekommen, zu Hause haben dies 15 Prozent erlebt. Die weiteren Angaben »Flur« (14 Prozent) und »Klassenfahrt/Klassenausflug« (11 Prozent) beziehen sich auf den schulischen Kontext. Nehmen wir die Orte rund um die Schule zusammen (Abb. 9), sticht der schulische Kontext als Ort nicht-körperlicher sexueller Gewalt besonders hervor.

Fassen wir die Daten aus Abbildung 9 bzw. von allen angegebenen Orten zusammen, zeigt sich, dass nicht-körperliche sexuelle Gewalt vor allem in der Schule (51 Prozent der Betroffenen geben die Schule als Tatort an) stattfindet, gefolgt vom Internet (44 Prozent der Betroffenen), vom öffentlichen Raum (41 Prozent) und im Rahmen von Partys/in einer anderen Wohnung (22 Prozent).

ZUSAMMENFASSUNG
Besonderer Risikoort für Mädchen bei nicht-körperlichen sexuellen Gewalterfahrungen: das Internet. Besondere Risikoorte für Jungen: das Klassenzimmer und der Pausenhof.

Orte nach Geschlecht: Hier zeigt sich eine deutliche Differenzierung (ohne Abb.). Mädchen berichten häufiger über Erfahrungen im Internet (54 Prozent der Mädchen gegenüber 29 Prozent der Jungen). Und umgekehrt: Das Klassenzimmer als Ort wird vor allem von Jungen angegeben (49 Prozent gegenüber 23 Prozent bei den Mädchen). Dies gilt auch für den Pausenhof, der für Jungen mit Blick auf nicht-körperliche sexuelle Gewalt risikoreicher ist als für Mädchen (36 Prozent der Jungen gegenüber 17 Prozent der Mädchen).

Wo erleben Jugendliche körperliche sexuelle Gewalt?

Auch hier konnten die Betroffenen aus einer Liste von insgesamt 34 vorgegebenen Orten (eine zusätzliche Option bestand darin, auch nicht in der Liste enthaltende Orte handschriftlich einzutragen) bis zu sechs Orte auswählen (Mehrfachantworten). Die Anteilsangaben beziehen sich wiederum auf die Zahl der Fälle (Betroffene) und nicht auf die Zahl der genannten Orte (Nennungen).

Orte: Gegenüber den Orten der nicht-körperlichen sexuellen Gewalt ergibt sich ein anderes Profil (Abb. 10). Jeweils etwa ein Viertel derer, die körperliche sexuelle Gewalt erlebt haben, gibt an, dass Erfahrungen mit körperlicher sexueller Gewalt in einer anderen Wohnung (26 Prozent) oder auf einer Party (25 Prozent) gemacht wurden. 20 Prozent geben die Straße oder den öffentlichen Platz an. 18 Prozent der Betroffenen sagen, dass die körperliche sexuelle Gewalt zu Hause stattgefunden hat. 12 Prozent der Betroffenen geben das Schwimmbad an. Das Klassenzimmer wird von 10 Prozent genannt; zu den weiteren schulischen Orten zählen der Schulflur (mit 8 Prozent), der Pausenhof (7 Prozent), die Klassenfahrt/der Klassenausflug (4 Prozent) und (in einem erweiterten Sinne) der Schulweg (2 Prozent).

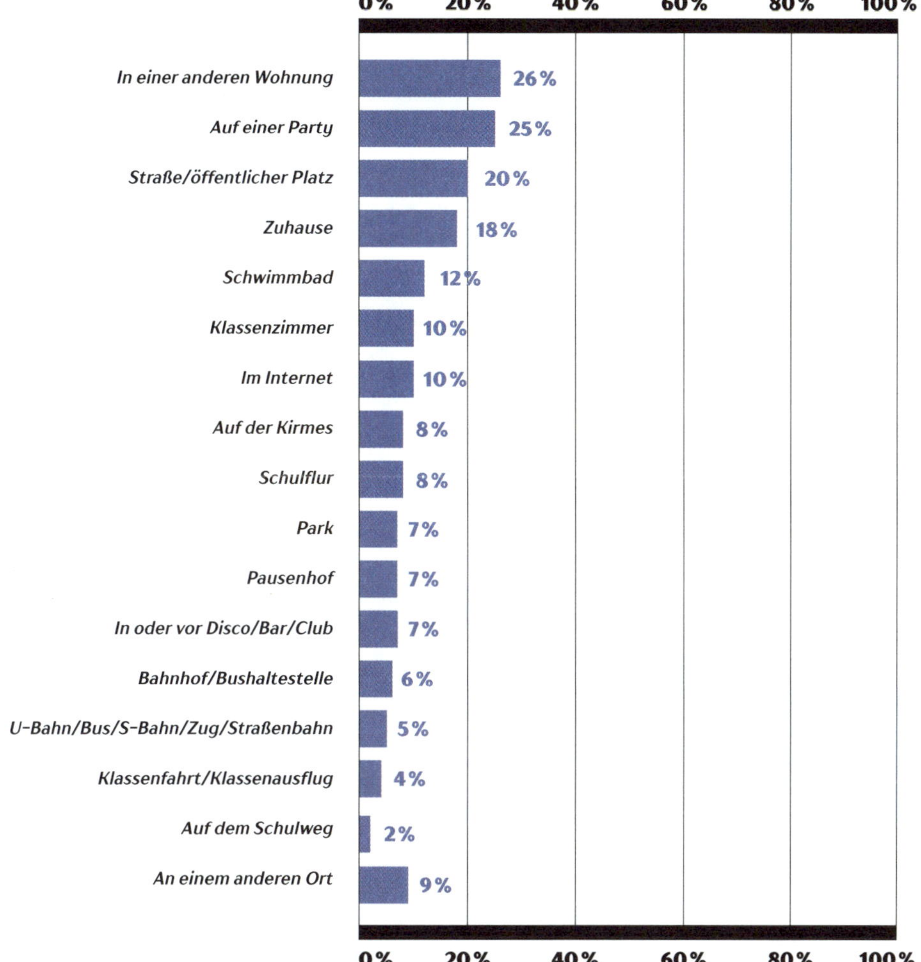

Abb. 10: Die 16 von den meisten Befragten genannten Orte, an denen sie körperliche sexuelle Gewalt erfahren haben – Prozentuierung auf der Basis der Fälle (Betroffene) | Speak! $n_{gültig}$=531, gewichtete Daten, Mehrfachantworten möglich

Oberkategorien: Fassen wir die Orte wiederum zu Oberkategorien (ohne Abb.) zusammen, so zeigt sich, dass vier Orte bzw. Kontexte besonders hervorstechen: der öffentliche Raum, der von 49 Prozent der Betroffenen angegeben wird, gefolgt von »andere Wohnung/Party« mit 44 Prozent, der Schule mit 24 Prozent und dem Zuhause mit 18 Prozent. Greifen wir die Schule heraus, zeigt sich, dass sie vor allem mit Blick auf die nicht-körperliche sexuelle Gewalt eine zentrale Rolle spielt und etwas weniger bei körperlichen Gewaltformen.

ZUSAMMENFASSUNG
Besondere Risikoorte für Mädchen bei körperlichen sexuellen Gewalterfahrungen: »andere Wohnung«, Straße/öffentlicher Platz, Bahnhof/Bushaltestelle.

Orte nach Geschlecht: Sehen wir uns im Rahmen der Subgruppenanalysen (ohne Abb.) auch die Geschlechterdifferenzierungen an. Es zeigt sich, dass Mädchen häufiger als Jungen körperliche sexuelle Gewalt in einer »anderen Wohnung« erleben (27 Prozent der Mädchen gegenüber 18 Prozent der Jungen); risikoreicher für sie ist auch die Straße/der öffentliche Platz (22 Prozent gegenüber 11 Prozent der Jungen), der Bahnhof/die Bushaltestelle wird sogar ausschließlich von Mädchen angegeben (7 Prozent gegenüber 0 Prozent bei den Jungen).

Stellen wir in einem letzten Schritt die Orte-Profile für nicht-körperliche und körperliche Erfahrungen einander gegenüber (Tab. 3).

Orte nicht-körperliche sexuelle Gewalt	Orte körperliche sexuelle Gewalt
1. Schule (51 %)	1. Öffentlicher Raum (Straße etc.) (49 %)
2. Internet (44 %)	2. Andere Wohnung/Party (44 %)
3. Öffentlicher Raum (Straße etc.) (41 %)	3. Schule (24 %)
4. Andere Wohnung/Party (22 %)	4. Zuhause (9 %)
5. Zuhause (15 %)	5. Internet (10 %)

Tab. 3: (Zusammengefasste) Liste der risikoreichen Orte – getrennt nach nicht-körperlicher und körperlicher sexueller Gewalt | Speak! $n_{gültig}$=1.053 bzw. 531, gewichtete Daten; Mehrfachantworten möglich

Nicht-körperliche sexuelle Gewalt: Die Schule wird von den meisten Jugendlichen als Ort angeben, an dem sie nicht-körperliche sexuelle Gewalt erlebt haben, genauer gesagt nennt jede/r zweite Betroffene die Schule (51 Prozent; allem voran werden dabei das Klassenzimmer und der Pausenhof genannt). Risikoreiche Orte sind zudem das Internet (44 Prozent) und der öffentliche Raum (41 Prozent). Darauf folgen mit 22 Prozent die Party bzw. eine andere Wohnung und mit 15 Prozent das eigene Zuhause.

Körperliche sexuelle Gewalt: Mit Blick auf das Erleben körperlicher sexueller Gewalt sieht die Reihenfolge der risikoreichen Tatorte anders aus. Hier zeigt sich vornehmlich der öffentliche Raum (Straße, Bahnhof, Plätze etc.) als riskant. 49 Prozent derjenigen, die über Erfahrungen im Bereich körperlicher Übergriffe berichten, geben an, dass sie diese Erfahrungen im öffentlichen Raum gemacht haben. 44 Prozent sagen, es war auf einer Party oder in einer anderen Wohnung. Deutlich weniger betroffene Jugendliche verorten im Vergleich dazu ihre Erfahrungen in der Schule oder ihrem Zuhause.

2.4 WER SIND DIE TÄTER/INNEN?

Dieses Kapitel fasst zusammen, welche Personen(gruppen) sexuelle Gewalt ausüben. Ähnlich zu den Orten wollen wir Personen(gruppen) identifizieren, von denen häufig sexuelle Gewalt ausgeht – dieses Wissen stellt einen wichtigen Schritt in Richtung Gewaltprävention dar.

Von wem geht nicht-körperliche sexuelle Gewalt aus?

Aus einer Liste von insgesamt 39 gendersensibel vorgegebenen Personen bzw. Personengruppen – d. h., es wurde jeweils die männliche *und* die weibliche Form vorgegeben (z. B. Partner oder Partnerin etc.) – konnten die Befragten bis zu sechs Täter/innen nicht-körperlicher sexueller Gewalt auswählen (Mehrfachantworten). Eine zusätzliche Option bestand darin, auch nicht in der Liste enthaltende Personen handschriftlich einzutragen. Die folgenden Anteilsangaben in Abbildung 11 beziehen sich auf die Zahl der Fälle (Betroffene), nicht auf die Zahl der genannten Personen (Nennungen).

Täter/innen: Die männliche fremde Person führt die Liste der Personen an, die nicht-körperliche sexuelle Gewalt ausüben (Abb. 11): 41 Prozent der Befragten geben sie als Täter an. Die weibliche fremde Person wurde demgegenüber nur von 7 Prozent der Betroffenen als Täterin genannt. Mit kleinerem Abstand zur

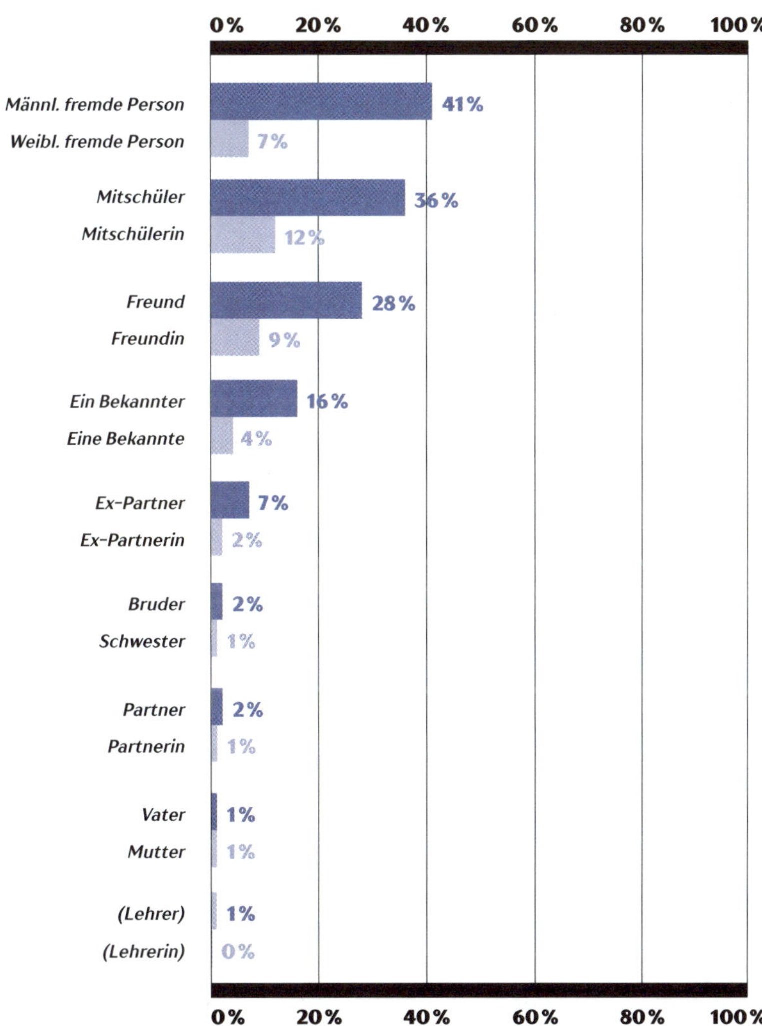

Abb. 11: Die 16 von den meisten Befragten genannten Personen, durch die sie nicht-körperliche sexuelle Gewalt erfahren haben – Prozentuierung auf der Basis der Fälle (Betroffene) | Speak! $n_{gültig}$=1.067, gewichtete Daten, Mehrfachantworten möglich

männlichen fremden Person wird von 36 Prozent der Betroffenen der Mitschüler angegeben, von 12 Prozent die Mitschülerin. Der Freund stellt für 28 Prozent der Befragten die Person dar, die sexuelle Gewalt im nicht-körperlichen Bereich gegen sie ausgeübt hat, 9 Prozent geben die Freundin an. Der Bekannte folgt mit 16 Prozent, die Bekannte mit 4 Prozent. Der Ex-Partner wird von 7 Prozent der Befragten und die Ex-Partnerin von 2 Prozent angegeben (der Partner von 2 Prozent, die Partnerin von 1 Prozent). Andere Gruppen von Täter/innen kommen nur selten vor.

ZUSAMMENFASSUNG

Die höchst platzierten Täter bei Mädchen wie bei Jungen sind männlichen Geschlechts. Auffallend ist zudem, dass Mädchen in besonders hohem Anteil von der männlichen fremden – und damit anonymen – Person berichten. Sexuelle Gewalt nicht-körperlicher Art erleben Jungen hingegen häufiger durch ein bekanntes Gegenüber – insbesondere durch Freunde bzw. im Freundeskreis und unter Mitschülern.

Täter/innen nach Geschlecht der Betroffenen: Weiterführende Analysen (ohne Abb.) zeigen, dass Mädchen zu 56 Prozent vor allem die männliche fremde Person als Täter angeben, gefolgt vom Mitschüler (32 Prozent), dem Freund (18 Prozent), dem Bekannten (18 Prozent) und dem Ex-Partner (11 Prozent; Partner 3 Prozent). Bei den Jungen ergeben sich andere Platzierungen: An erster Stelle steht der Freund (von 44 Prozent der betroffenen Jungen genannt) und fast gleichauf mit 41 Prozent der Mitschüler. Darauf folgen die männliche fremde Person (mit 18 Prozent), die Mitschülerin (13 Prozent) und die Freundin (13 Prozent). Die Ex-Partnerin nennen 5 Prozent der Jungen, 2 Prozent die Partnerin.

Von wem geht körperliche sexuelle Gewalt aus?

Auch zur Perspektive der Betroffenen und ihrer Erfahrungen mit körperlicher sexueller Gewalt konnten aus einer Liste von insgesamt 39 vorgegebenen Personen(gruppen) bis zu sechs Täter/innen ausgewählt werden (Mehrfachantworten). Eine zusätzliche Option bestand darin, auch nicht in der Liste enthaltende Personen handschriftlich einzutragen. Die folgenden Anteilsangaben beziehen sich auf die Zahl der Fälle (Betroffene), nicht auf die Zahl der genannten Personen (Nennungen).

Täter/innen: Die fremde Person führt auch bei den Formen körperlicher sexueller Gewalt die Liste der Personen an, die sexuelle Gewalt ausüben (Abb. 12). 35 Prozent der von körperlicher sexueller Gewalt Betroffenen geben die männliche fremde Person als Täter an, die weibliche fremde Person wird demgegenüber von nur 2 Prozent angeführt. Mit kleinem Abstand wird der Freund von 32 Prozent genannt, von 9 Prozent die Freundin. Der Mitschüler stellt für 16 Prozent der Befragten die Person dar, die sexuelle Gewalt im körperlichen Bereich ausübt, die Mitschülerin für 2 Prozent. Der Bekannte folgt mit 16 Prozent und die Bekannte mit 3 Prozent. Der Ex-Partner wird von 13 Prozent der Befragten angeführt, die Ex-Partnerin von 3 Prozent, der Partner von 5 Prozent und die Partnerin von 2 Prozent. Andere Gruppen werden nur sehr selten genannt.

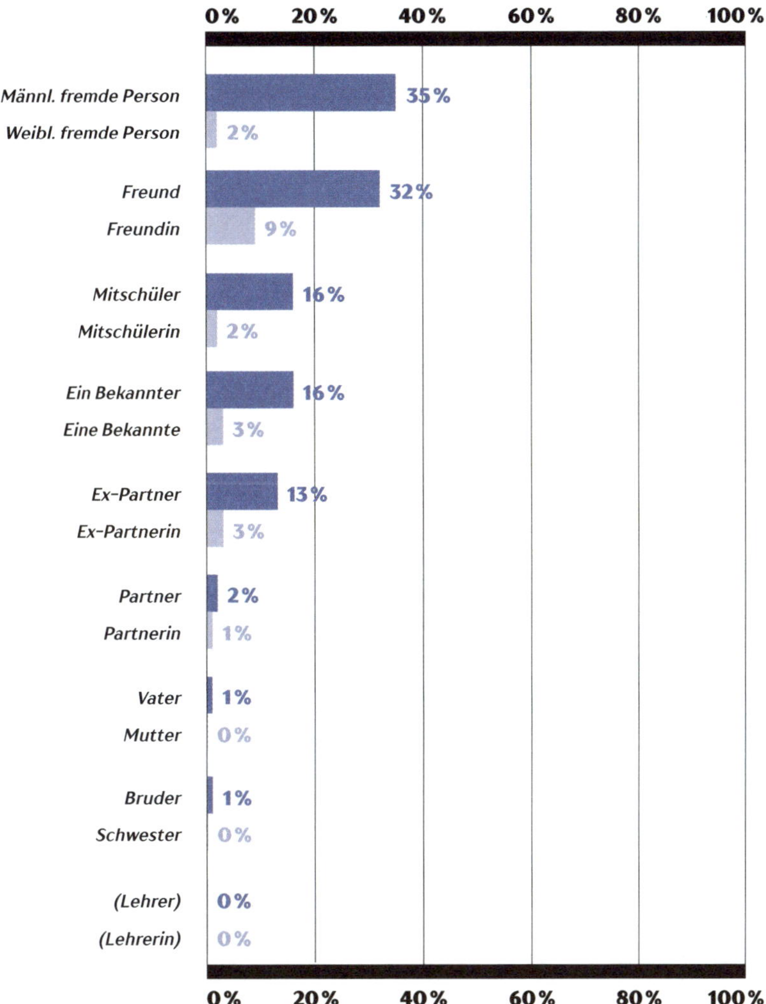

Abb. 12: Die 16 von den meisten Befragten genannten Personen, durch die sie körperliche sexuelle Gewalt erfahren haben – Prozentuierung auf der Basis der Fälle (Betroffene) | Speak! $n_{gültig}$=534, gewichtete Daten, Mehrfachantworten möglich

Täter/innen nach Geschlecht der Betroffenen: Weiterführende Analysen (ohne Abb.) zeigen, dass Mädchen vor allem die männliche fremde Person als Täter angeben (41 Prozent der betroffenen Mädchen), gefolgt vom Freund (33 Prozent), dem Bekannten (18 Prozent), dem Mitschüler (17 Prozent) und dem Ex-Partner (15 Prozent; Partner 6 Prozent). Bei den Jungen ergeben sich andere Platzierungen: An erster Stelle steht die Freundin (32 Prozent), gefolgt vom Freund (26 Prozent), der Ex-Partnerin (12 Prozent), dem Mitschüler (12 Prozent), der männlichen fremden Person (11 Prozent) und der Partnerin (10 Prozent).

Alter der Täter/innen körperlicher sexueller Gewalt: Wir haben die Jugendlichen, die körperliche sexuelle Gewalterfahrungen gemacht haben, gefragt, wie alt derjenige/diejenige ungefähr war, von dem/der die Gewalt ausging (ohne Abb.). Wie die Befunde aus Abbildung 12 zeigen, handelt es sich in der

Mehrheit um in etwa gleichaltrige Täter wie Mitschüler, Freunde oder Ex-/Partner. Mit Blick auf die Personen(gruppen) »eine männliche fremde Person« und »ein Bekannter«, welche für sich genommen keinen Rückschluss auf das Alter zulassen, haben wir die Angaben zum Alter der Täter, die die Betroffenen gemacht haben, gesondert ausgewertet. 72 Prozent der Täter, die der Gruppe des Bekannten zuzuordnen sind, waren zum Tatzeitpunkt 18 Jahre oder jünger. Also auch hier handelt es sich mehrheitlich um in etwa Gleichaltrige. 47 Prozent der Täter, die der Gruppe der männlichen fremden Person zuzuordnen sind, waren zum Tatzeitpunkt 18 Jahre oder jünger (nur bei der männlichen fremden Person handelt es sich also nicht mehrheitlich um Gleichaltrige als Täter).

ZUSAMMENFASSUNG

In der Mehrheit handelt es sich auch bei den Erfahrungen mit körperlicher sexueller Gewalt um in etwa gleichaltrige Täter/innen.

Übersicht über die Täter/innen: Die nachfolgende Tabelle 4 fasst nochmals die Haupttätergruppen – differenziert nach nicht-körperlicher und körperlicher sexueller Gewalt – zusammen.

Täter/innen nicht-körperliche sexuelle Gewalt		Täter/innen körperliche sexuelle Gewalt	
1. Männl. fremde Person (41 %)	Weibl. fremde Person (7 %)	1. Männl. fremde Person (35 %)	Weibl. fremde Person (2 %)
2. Mitschüler (36 %)	Mitschülerin (12 %)	2. Freund (32 %)	Freundin (9 %)
3. Freund (28 %)	Freundin (9 %)	3. Mitschüler (16 %)	Mitschülerin (2 %)
4. Ein Bekannter (16 %)	Eine Bekannte (4 %)	4. Ein Bekannte (16 %)	Eine Bekannte (3 %)
5. Ex-Partner (7 %)	Ex-Partnerin (2 %)	5. Ex-Partner (13 %)	Ex-Partnerin (3 %)
6. Partner (2%)	Partnerin (1%)	6. Partner (5%)	Partnerin (2%)

Tab. 4: Die von den meisten Jugendlichen genannten Täter/innen – getrennt nach nicht-körperlicher und körperlicher sexueller Gewalt | Speak! $n_{gültig}$=1.053 bzw. 531, gewichtete Daten; Mehrfachantworten möglich

2.5 EIN VERTIEFTER BLICK AUF EINZELNE ERFAHRUNGSPROFILE

Erfahrungen mit nicht-körperlicher und/oder körperlicher sexueller Gewalt

Wie wir gezeigt haben, berichten 48 Prozent der Jugendlichen über Erfahrungen mit Formen nicht-körperlicher sexueller Gewalt (Abb. 1) und 23 Prozent über körperliche Formen sexueller Gewalt (Abb. 4). Die Quote derjenigen Befragten, die dabei *entweder* körperliche *oder* nicht-körperliche Erfahrungsformen angeben, liegt bei 52 Prozent (60 Prozent bei den Mädchen, 43 Prozent bei den Jungen). Die Quote derjenigen, die über Erfahrungen in *beiden* Bereichen berichten, liegt bei 19 Prozent (30 Prozent der Mädchen, 7 Prozent der Jungen).

ZUSAMMENFASSUNG
Etwa jede/r fünfte Jugendliche zwischen 14 und 16 Jahren hat sowohl nicht-körperliche als auch körperliche sexuelle Gewalterfahrungen gemacht. Bei den Mädchen macht fast jede Dritte nicht-körperliche *und* körperliche sexuelle Gewalterfahrungen, bei den Jungen etwa jeder Vierzehnte.

Verschiedene Gruppen mit und ohne sexuelle Gewalterfahrungen

In Tabelle 5 werden verschiedene Gruppen Jugendlicher bezogen auf ihre Erfahrungen mit sexueller Gewalt unterschieden (sowie nach Geschlecht). Mit dieser Gruppenaufteilung wird näherungsweise die Schwere der sexuellen Viktimisierung abgebildet.

Rang	Mädchen***	Jungen	Gesamt
Gruppen mit und ohne sexuelle Gewalterfahrungen			
Keinerlei Erfahrungen	45 %	62 %	53 %
Ausschließlich verbale und/oder schriftliche Erfahrungen	13 %	23 %	18 %
Ausschließlich nicht-körperliche Erfahrungen in mindestens zwei nicht-körperlichen Erfahrungsbereichen	9 %	7 %	8 %
Körperliche Erfahrungen mit direktem Körperkontakt ohne Penetration(sversuch)[1]	20 %	6 %	13 %
Körperliche Erfahrungen mit Penetration(sversuch)[1]	14 %	2 %	8 %

Tab. 5: Gruppen mit und ohne sexuelle Gewalterfahrungen – nach Geschlecht | Speak! n=2.651, gewichtete Daten; Testung der Gruppenunterschiede basierend auf zweiseitigem Chi-Quadrat-Test (*** = $p \leq .001$; ** = $p \leq .01$; * = $p \leq .05$); 1) Mit oder ohne Erfahrungen im nicht-körperlichen Bereich

Es zeigt sich, dass 53 Prozent aller Befragten keine Erfahrungen als Betroffene mit sexueller Gewalt haben. Auf Jungen trifft dies (mit 62 Prozent) häufiger zu, als auf Mädchen (mit 45 Prozent). Ausschließlich verbale und/oder schriftliche Erfahrungen haben insgesamt 18 Prozent aller befragten Jugendlichen; Mädchen mit 13 Prozent weniger als Jungen mit 23 Prozent. Ausschließlich nicht-körperliche Erfahrungen, die mindestens zwei Erfahrungsbereiche umfassen, haben insgesamt 8 Prozent der Befragten (9 Prozent der Mädchen und 7 Prozent der Jungen). Körperliche Erfahrungen mit direktem Körperkontakt, aber ohne Penetration(sversuch) berichten insgesamt 13 Prozent der Jugendlichen; dabei sind Mädchen mit 20 Prozent gegenüber den Jungen mit 6 Prozent deutlich häufiger betroffen. Ähnliches gilt auch für sexuelle körperliche Gewalterfahrungen mit Penetration(sversuch): Auf 8 Prozent der Befragten trifft dies insgesamt zu. Mädchen sind in besonderem Maße (zu 14 Prozent gegenüber 2 Prozent bei den Jungen) mit solchen schweren sexuellen Gewalthandlungen konfrontiert. Die Unterschiede zwischen Mädchen und Jungen in Tabelle 5 sind hoch signifikant.

Prävalenz von sexueller Gewalt in der Familie und sexueller Gewalt in der Kindheit durch Erwachsene

3 Prozent aller von uns befragten Jugendlichen (4 Prozent der Mädchen und 3 Prozent der Jungen) geben an, dass bei der nicht-körperlichen und/oder körperlichen sexuellen Gewalt, die sie erlebt haben, Familienangehörige die Täter/innen waren (88 Fälle). Neben den unmittelbaren Verwandten wie Vater, Mutter oder Geschwister gehören dazu auch alle Formen neuer Lebenspartner/innen der Elternteile, Stiefgeschwister und andere weibliche oder männliche Verwandte. Bei den nicht-körperlichen Erfahrungen in der Familie handelt es sich mehrheitlich um verbale/schriftliche Formen, bei den körperlichen überwiegen solche Erfahrungen mit direktem Körperkontakt.

ZUSAMMENFASSUNG
Etwas mehr als 1 Prozent der 14- bis 16-Jährigen berichten über körperliche sexuelle Gewalterfahrungen in der Familie. Das Risiko für Mädchen ist dabei etwa fünfmal so hoch wie für Jungen.

In 54 Fällen, und das heißt zu 61 Prozent, handelt es sich bei den Erfahrungen unter Beteiligung von Familienangehörigen ausschließlich um nicht-körperliche Gewalt und in 34 Fällen (39 Prozent) um (auch) körperliche Erfahrungen. Diese Fälle körperlicher sexueller Gewalterfahrungen in der Familie machen 1,3 Prozent der Gesamtstichprobe aus. Dabei geben 2,2 Prozent der Mädchen und 0,4 Prozent der Jungen körperliche sexuelle Gewalt durch Angehörige der (erweiterten) Familie zu Protokoll.

Sexuelle Gewalterfahrungen vor dem 12. Lebensjahr

Sexuelle Gewalt erfährt einen sprunghaften Anstieg etwa um das 12. Lebensjahr. Hauptsächlich sind die Gleichaltrigen als Täter/innen für diesen Anstieg verantwortlich. Ergibt sich vor dem 12. Lebensjahr, also für die Kindheit unserer Befragten, ein anderes Bild? Wir schauen im Folgenden nur auf den Bereich der körperlichen sexuellen Gewalt. Von den Jugendlichen, die körperliche sexuelle Gewalterfahrungen gemacht haben, geben 8 Prozent an, dass sie diese (zum ersten Mal) vor ihrem 12. Lebensjahr erfahren haben. Von diesen geben 62 Prozent eine erwachsene Person als Täter/in an. Das heißt, etwa 5 Prozent aller Jugendlichen erfahren körperliche sexuelle Gewalt vor dem

12. Lebensjahr durch erwachsene Personen (einschließlich Familienmitglieder). Eine Anmerkung zu diesen Zahlen: Betroffene selbst zu befragen, gilt als das zuverlässigste Vorgehen zur Erhebung sexueller Viktimisierung (UBS Optimus 2011). Trotzdem hat auch dieses Vorgehen mit Blick auf die Lebenszeit-Prävalenz Grenzen bzw. Schwächen. Wir vermuten, dass Ereignisse, die in zeitlicher Nähe der Befragung stattgefunden haben und innerhalb einer Lebensphase, die präsent und prägend ist – und das ist die Jugendzeit ohne Zweifel –, stärker erinnert werden als Ereignisse in der (frühen) Kindheit. Erinnerungsverzerrungen können dabei wirksam werden und Vorfälle, die in der (frühen) Kindheit liegen, damit unterrepräsentiert sein (UBS Optimus 2011). Außerdem können wir annehmen, dass dort, wo die frühen Erfahrungen in der Familie stattgefunden haben, die betroffenen Jugendlichen seltener eine Einverständniserklärung zur Teilnahme an der Studie von ihren Eltern bekommen haben. Zudem können wir vor allem das erfragen, was den Jugendlichen bewusst bzw. reflexiv zugänglich ist. Das bedeutet im Umkehrschluss, dass wir weniger präsente Ereignisse (auch schwere sexuelle Gewalt in der Kindheit) mit großer Wahrscheinlichkeit in dieser Erhebung in ihrer Prävalenz unterschätzen. All dies führt im Ergebnis zu einer tendenziellen Unterschätzung der Prävalenzen für Erfahrungen in der (frühen) Kindheit.

»Ich habe gedacht, dass ich es ohne Hilfe schaffen würde. Aber diese Ereignisse holen mich bis heute noch ein, dass ich manchmal Albträume davon bekomme.«

3 — Erweiterte Perspektiven auf sexuelle Gewalterfahrungen

»Es ist uncool, Sachen gegen den Willen der anderen zu machen.«

Aus Studien wissen wir, dass sexuelle Gewalt nicht nur negative Auswirkungen für die Betroffenen selbst haben kann, sondern auch für Personen, die entsprechende Handlungen beobachten oder von ihnen hören (AAUW 2011). Im Folgenden wenden wir uns deshalb unterschiedlichen Perspektiven zu: der Perspektive derer, die sexuelle Gewalt beobachten, von ihr hören oder sie selbst ausüben.

3.1 BEOBACHTUNG SEXUELLER GEWALT

Neben dem direkten Betroffensein können Schüler/innen auch zu Beobachter/innen sexueller Gewalt werden. So berichten in einer amerikanischen Studie ein Drittel der Mädchen und annähernd ein Viertel der Jungen davon, entsprechende Handlungen beobachtet zu haben (AAUW 2011). Zudem bilden Beobachter/innen auch einen wichtigen Faktor in Hinblick auf eine sogenannte »Ermöglichungsumgebung und -kultur« sexueller Gewalt. Ein Aspekt, der insbesondere für die Prävention von Bedeutung ist. Vor diesem Hintergrund wurde in Speak! neben der Perspektive der von sexueller Gewalt Betroffenen auch die Perspektive derer in den Fragebogen aufgenommen, die sexuelle Gewalt *beobachtet* haben. Ein Befund aus der Studie Speak! zeigt beispielsweise, dass zwischen den Einzelschulen die Anteile der Beobachter/innen erheblich variieren. Ein kleiner Teil der Schulen (6 Prozent) weist eine geringe Quote von Schüler/innen auf – sie liegt zwischen 10 und 20 Prozent –, die sexuelle Gewalt in ihrer Schule beobachtet haben. Über ein Viertel der Schulen (27 Prozent) weisen eine Quote von über 50 Prozent auf. Das heißt, dass in etwa einem Viertel der Schulen die Mehrheit der Schüler/innen berichtet, sexuelle Gewalt beobachtet zu haben.

In diesen Schulen müssen wir ein Klima vermuten, welches das Auftreten sexueller Gewalt begünstigt. Was dieses begünstigende Klima bestimmt und ermöglicht, bedarf weiterer Analysen.

>>> WERKZEUG
Die Jugendlichen wurden gefragt, ob sie »Dinge, die mit sexueller Gewalt zu tun haben, schon einmal beobachtet« haben. Dazu war eine Liste möglicher Beobachtungen vorgegeben, die sich aus den in den Abbildungen 1 und 4 aus Kapitel 2.1 vorgestellten Erfahrungsformen zusammensetzt (Abb. 13). Wir haben in diese Liste die Items zum versuchten und vollzogenen erzwungenen Geschlechtsverkehr nicht aufgenommen, um etwaige Schuldgefühle durch möglicherweise unterlassene Hilfeleistung bei den Beobachter/innen zu vermeiden.

Beobachtung sexueller Gewalt nach Geschlecht: 70 Prozent (also mehr als zwei Drittel der Jugendlichen) berichten, mindestens eine der in Abbildung 13 aufgeführten Beobachtungen (Erfahrungsformen) gemacht zu haben.

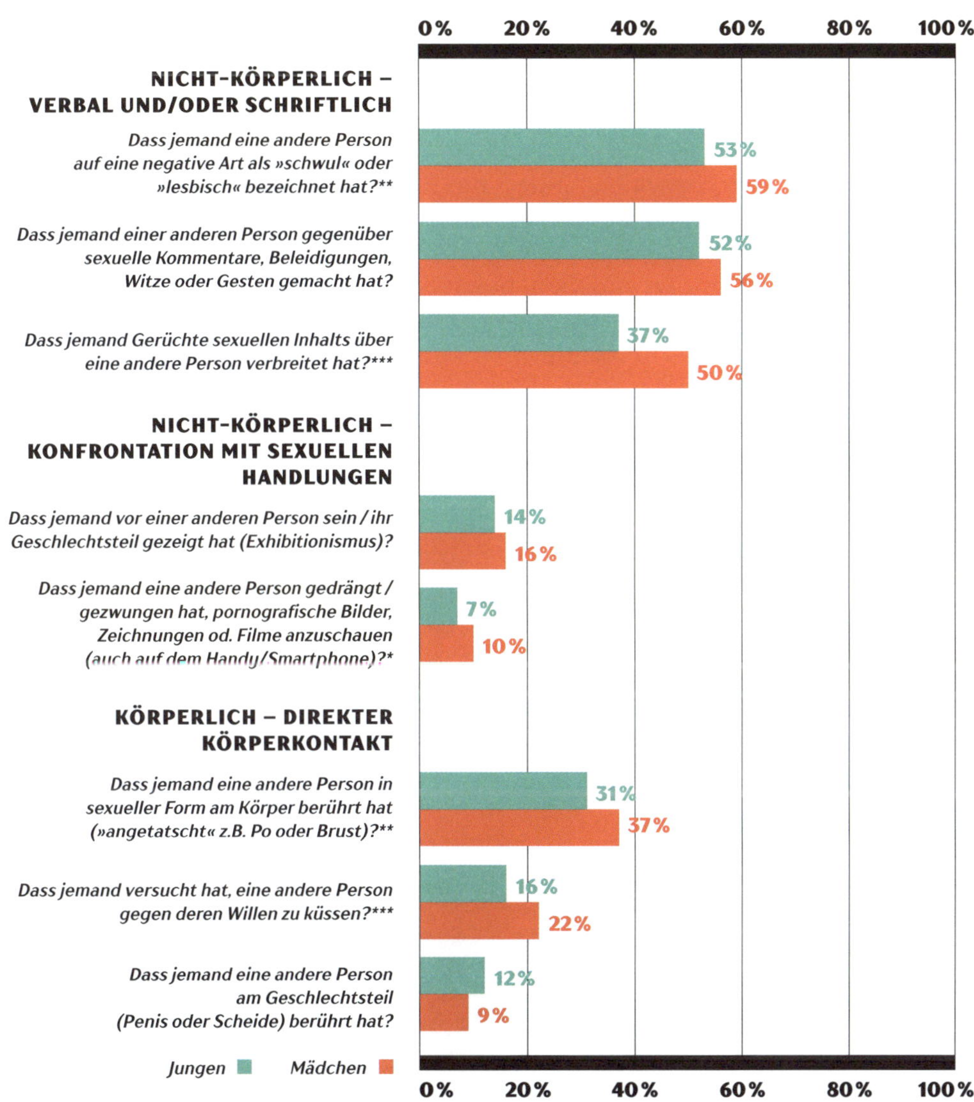

Abb. 13: Beobachtung von sexueller Gewalt – Erfahrungsformen getrennt nach Geschlecht | Speak! n=2.651, gewichtete Daten; Testung der Gruppenunterschiede basierend auf zweiseitigem Chi-Quadrat-Test (*** = $p \leq .001$; ** = $p \leq .01$; * = $p \leq .05$), Mehrfachantworten möglich

Wie Abbildung 13 zeigt, werden am häufigsten verbale oder schriftliche Formen sexueller Gewalt beobachtet. Mehr als die Hälfte der befragten Mädchen (59 Prozent) und auch der Jungen (53 Prozent) gibt an, bislang mindestens einmal beobachtet zu haben, dass eine andere Person in negativer Weise bspw. als »schwul« oder »lesbisch« bezeichnet wurde. Auch dass sexuelle Witze oder Kommentare über jemanden gemacht wurden, geben mehr als die Hälfte der Befragten an (56 Prozent der Mädchen, 52 Prozent der Jungen). Während exhibitionistische Handlungen und Pornografisches demgegenüber deutlich seltener beobachtet werden, berichten 37 Prozent der Mädchen und 31 Prozent der Jungen davon, schon beobachtet zu haben, dass jemand gegen dessen Willen »angetatscht« wurde, und 22 bzw. 16 Prozent davon, dass jemand gegen seinen Willen geküsst wurde. Die Unterschiede zwischen Mädchen und Jungen fallen dabei hinsichtlich einzelner Erfahrungsformen signifikant aus. Zusätzlich lässt sich festhalten, dass Mädchen mit 75 Prozent generell häufiger zu Beobachterinnen sexueller Gewalt werden als Jungen (bei ihnen beträgt die Quote 65 Prozent).

Alter der Beobachter/innen: Zumindest mit Blick auf einzelne Erfahrungsformen (ohne Abb.) zeigt sich darüber hinaus, dass der Anteil derjenigen, die sexuelle Gewalt beobachtet haben, mit dem Alter ansteigt. Während bspw. 28 Prozent der 14-Jährigen angeben, bereits einmal beobachtet zu haben, dass jemand ungewollt an Po oder Brust »angetatscht« wurde, steigt dieser Anteil bei den 16-Jährigen auf 41 Prozent.

Weitere Unterscheidungsmerkmale: Statistisch bedeutsame Unterschiede mit Blick auf den besuchten Bildungsgang, die soziale Schicht oder den Migrationshintergrund gibt es hinsichtlich der Beobachtungserfahrungen der Jugendlichen nicht.

Häufigkeit: Auf die Frage, wie oft die Jugendlichen mindestens eine der abgefragten Beobachtungen gemacht haben, zeigt sich, dass die überwiegende Mehrheit (83 Prozent) derer, die Formen sexueller Gewalt beobachtet haben, angibt, entsprechende Beobachtungen bereits mehr als einmal gemacht zu haben.

Statements: Wir wollten auch in Erfahrung bringen, wie die Beobachter/innen in der Situation empfinden und was sie denken. Wie schätzen sie solche Situationen ein? Sind sie unsicher? Wissen sie, was zu tun ist?

>>> WERKZEUG
Wir haben die Jugendlichen, die sexuelle Gewalt beobachtet haben, gefragt: »Was hast du gedacht oder gefühlt, als du das beobachtet hast?« Vorgegeben haben wir neun Statements (Abb. 14), die mit »1 = stimmt nicht« bis »4 = stimmt genau« beantwortet werden konnten. Wir haben in Abbildung 14 die Antworten »stimmt eher« und »stimmt genau« zusammengefasst.

An erster Stelle steht »ich habe das für keine große Sache gehalten«; dies geben gut zwei Drittel (67 Prozent) der Beobachter/innen an. Darauf folgt »Ich dachte, das würde sich von allein erledigen« (59 Prozent), »Ich dachte, das

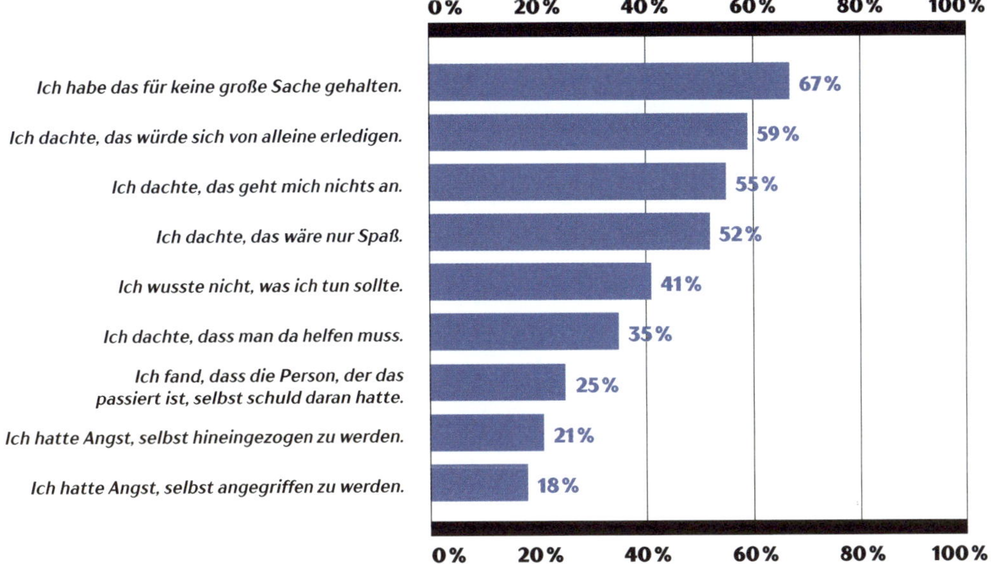

Abb. 14: Statements zur Beobachtung sexueller Gewalt | Speak! $n_{gültig}$>1.568, gewichtete Daten, Mehrfachantworten möglich

ZUSAMMENFASSUNG
Insgesamt bringen diese Befunde eine starke Ambivalenz und damit Unsicherheit in der Einschätzung und im Umgang mit beobachteten Situationen sexueller Gewalt zum Ausdruck. Eine Präventionsarbeit scheint notwendig, die auch den Beobachter/innen mehr Sicherheit in der Einschätzung und im Umgang mit solchen Situationen vermittelt.

geht mich nichts an« (55 Prozent) und »Ich dachte, das wäre nur Spaß« (52 Prozent). Die Situation wird also einerseits als etwas gedeutet, das »keine große Sache« oder mit »Spaß« verbunden ist. Andererseits kommen auch Gedanken in solchen Situationen auf, dass das Beobachtete sich (hoffentlich) von allein erledigt oder dass man sich am besten raushält (»das geht mich nichts an«). Dies ist ein Hinweis darauf, dass solche Beobachtungen teils auch ambivalent erlebt werden. Darüber hinaus geben 41 Prozent an, dass sie nicht wussten, was sie hätten tun sollen und ein gutes Drittel (35 Prozent) bringt zum Ausdruck: »Ich dachte, dass man da helfen muss«. Die Brisanz der Situation wird von einigen Beobachter/innen allerdings dahingehend relativiert, dass sie der Person, »der das passiert ist«, eine eigene Schuld zusprechen (25 Prozent). Andererseits wird teils auch die Gefährlichkeit der Situation herausgestrichen, indem als Ängste benannt werden, selbst hineingezogen (21 Prozent) oder angegriffen (18 Prozent) zu werden.

Ratschläge der Jugendlichen

Auch die Jugendlichen, die sexuelle Gewalt beobachtet haben, wurden in Speak! gebeten, Ratschläge zu geben, die sich aus ihrer Beobachtung und der Situation ergeben: »Das, was du beobachtet hast, kann wichtig sein, um anderen zu helfen. Welchen Rat würdest du einer Person geben, die auch so etwas wie du beobachtet hat?« Die Jugendlichen konnten dazu mit eigenen

Worten ihre Empfehlungen formulieren. Ein großer Teil hat von dieser Möglichkeit Gebrauch gemacht. Über 1.600 Antworten wurden geschrieben. Nachfolgend sind die 5 von den meisten Jugendlichen genannten Antwort-Kategorien dargestellt (Tab. 6).

Rang	Kategorie	Prozent der Fälle
1	»Selbst helfen; eingreifen«	34
2	»Situation ab- und einschätzen«	24
3	»Hilfe holen; Aufmerksamkeit anderer erregen«	14
4	»Opfer ansprechen«	12
5	»Mit irgendjemandem reden«	8

Tab. 6: Ratschläge der Jugendlichen, die sexuelle Gewalt beobachtet haben – die fünf von den meisten Jugendlichen genannten Antwort-Kategorien | Speak! $n_{gültig}$=1.021, gewichtete Daten, Mehrfachantworten möglich

Ein Drittel (34 Prozent) derer, die sexuelle Gewalt beobachtet haben, empfehlen, in solchen Situationen selbst zu helfen, also einzugreifen. Knapp ein Viertel (24 Prozent) rät dazu, die Situation abzuschätzen und damit auch genauer hinzuschauen. 14 Prozent geben an, dass Hilfe geholt bzw. die Aufmerksamkeit anderer Personen in der Nähe erregt werden sollte. Das Opfer anzusprechen, dazu raten 12 Prozent, und weitere 8 Prozent sagen, dass diejenigen, die sexuelle Gewalthandlungen beobachten, mit »irgendjemandem« reden sollten. Auch dazu einige Zitate der Jugendlichen aus den Fragebögen:

- »Wenn man diese Person kennt, die einen anderen angefasst oder komische Kommentare abgeben hat, dass man zu ihr hingeht. Vielleicht mit einem Kumpel oder so und sagt, man soll das unterlassen.«
- »Greift nur ein, wenn ihr euch sicher seid, nicht zu Schaden zu kommen. Holt euch einen Erwachsenen zur Unterstützung.«
- »Man müsste eigentlich der Person helfen, die belästigt wird, da man nicht weiß, ob die Person alleine fertig wird oder ob sie Hilfe benötigt. Man sollte sich also einmischen und zum Täter etwas sagen.«
- »Eine Freundin wurde vor der Klasse gefragt, ob sie dem Jungen einen blasen könnte, mehrmals. Man sollte dann einfach darüber sprechen.«
- »Mach dir keinen Kopf, meistens sind die Menschen, denen das passiert, selbst daran Schuld.«
- »Es war so, es war nur Spaß, aber ein ziemlich mieser und beleidigender Spaß. Ich hatte daraufhin die beleidigte Person getröstet und verteidigt.«
- »Halt deinen Mund, sag nichts, dann passiert nichts. Regel das allein, und wenn du mit drinnen bist, viel Spaß.«
- »Erstmal die Lage richtig einschätzen und dann handeln.«
- »Selbst schuld, wenn man Nacktbilder von sich losschickt.«
- »Mädchen im jungen Alter sollten sich auf Partys nicht so freizügig kleiden und sich nicht so besaufen, dass sie umfallen und nicht mehr klar kommen.«

3.2 SEXUELLE GEWALT VOM HÖRENSAGEN

Zusätzlich zur Perspektive derer, die sexuelle Gewalt beobachtet haben, sind wir den indirekten Erfahrungen der Jugendlichen mit sexueller Gewalt weiter nachgegangen (ohne Abb.).

>>> WERKZEUG
Wir haben gefragt: »Hat dir jemand schon einmal erzählt oder hast du gehört, dass jemandem solche Dinge passiert sind?« Dazu war wieder eine Liste möglicher Erfahrungen vorgegeben (s. Abb. 1 und 4). Im Gegensatz zur Abfrage der Beobachtungen wurden bei dieser Abfrage auch die Items zum versuchten und vollzogenen Geschlechtsverkehr aufgenommen.

Befunde, die für den Einbezug des Hörensagens sprechen: Es ist bedeutsam, die Perspektive des Hörensagens mit einzubeziehen. Zum einen stehen die Personen, von deren Erfahrungen die Jugendlichen hören, ihnen häufig sehr nahe. In mehr als der Hälfte der Fälle handelt es sich bei Mädchen um eine Freundin, die beste oder eine gute, der das Berichtete zugestoßen ist. 14 Prozent sprechen darüber hinaus von einer Mitschülerin, 10 Prozent von einer Bekannten als Betroffene. In der weit überwiegenden Mehrheit sind es also weibliche – und den befragten Jugendlichen in den meisten Fällen nahestehende – Gleichaltrige. 27 Prozent der Jungen nennen in diesem Zusammenhang eine Freundin, die beste oder eine gute, 16 Prozent eine Mitschülerin und jeweils 7 Prozent einen Freund oder einen Mitschüler als Betroffenen, 8 Prozent einen Bekannten. Das heißt alles in allem, dass auch von den Jungen mehrheitlich ihnen nahestehende (vornehmlich weibliche) Gleichaltrige genannt werden.

ZUSAMMENFASSUNG
Sexuelle Gewalt, von denen Jugendliche hören, belastet sie recht stark. Ein Grund dafür liegt darin, dass ihnen die Personen, die das erlebt haben und davon erzählen, oftmals vertraut sind.

Zum anderen sehen wir einen weiteren Grund, die Perspektive des Hörensagens einzubeziehen, darin, dass das Gehörte bei vielen Jugendlichen nicht spurlos vorübergeht. 38 Prozent derer, die von solchen Erlebnissen gehört haben, geben an, dass sie das belastet hat. Dies gilt insbesondere für die Mädchen. Hier beträgt der Anteil derer, die sich von dem Gehörten belastet fühlen, 46 Prozent und liegt damit signifikant höher als bei Jungen mit einem analogen Anteil von 25 Prozent.

Erfahrungen durchs Hörensagen: Kommen wir zur Frage zurück, wie viele Jugendliche über entsprechende Erfahrungen durchs Hörensagen berichten. Gut ein Drittel (38 Prozent) der Jugendlichen hat von sexueller Gewalt gehört. Am häufigsten kommen dabei Hör-Erfahrungen vor, die sich auf den direkten Körperkontakt beziehen. Etwa jeweils ein Viertel der 14- bis 16-Jährigen hat mindestens einmal davon gehört, dass jemand »angetatscht« wurde oder dass jemand gegen seinen Willen geküsst wurde. Von erzwungenem versuchtem Geschlechtsverkehr gehört zu haben, geben 11 Prozent der Jugendlichen an, von einem erzwungenen vollzogenen Geschlechtsverkehr haben 7 Prozent gehört. Dabei sind es mit 47 Prozent signifikant häufiger die Mädchen, die von sexueller Gewalt in ihrem Freundes- oder Bekanntenkreis hören. Bei den Jungen geben dies nur 29 Prozent zu Protokoll.

3.3 JUGENDLICHE, DIE SEXUELLE GEWALT AUSÜBEN

In diesem Abschnitt stellen wir die Gruppe von Jugendlichen vor, die angeben, selbst schon einmal Dinge getan zu haben, die mit sexueller Gewalt zu tun haben. Mit Blick auf die Jugendlichen, die uns im Fragebogen offen dazu geantwortet haben, scheint es uns nicht angemessen, sie im Gesamt als Täter/innen zu bezeichnen, da die ausgeübte sexuelle Gewalt in vielen Fällen in einer Grauzone zwischen alterstypischen Aushandlungen im Kreise der Peers und sexuellen Gewalthandlungen liegt. Geeigneter scheint es uns, in Anlehnung an Krahé (2008), hier von Aggressor/innen zu sprechen.

Im Gegensatz zu den Täter/innen, deren Merkmale (Alter, Geschlecht etc.) und Handlungen (Formen sexueller Gewalt) von den befragten Betroffenen angegeben werden, ändert sich nun die Perspektive. Hier sind es die befragten, sexuelle Gewalt ausübenden Aggressor/innen selbst, die Angaben zu ihren Merkmalen und zu bestimmten sexuellen Gewaltformen machen. Wir haben hier schwere körperliche Übergriffe, wie etwa den erzwungenen Geschlechtsverkehr, nicht erfragt. Denn dies hätte bedeutet, dass sich die Jugendlichen einer schweren Straftat selbst hätten bezichtigen müssen (Abb. 15).

Erfahrungsformen der Aggressor/innen nach Geschlecht: Etwas mehr als ein Viertel (28 Prozent) der befragten Jugendlichen gibt an, mindestens einmal etwas getan zu haben, das mit sexueller Gewalt zu tun hat – 36 Prozent der Jungen und 21 Prozent der Mädchen. Am häufigsten handelt es sich dabei um verbale und/oder schriftliche sexuelle Gewalt (Abb. 15) und in nahezu allen abgefragten Bereichen treten Jungen stärker in Erscheinung als Mädchen.
28 Prozent der Jungen geben an, schon einmal sexuelle Kommentare oder Beleidigungen über jemanden gemacht zu haben (16 Prozent der Mädchen geben dies an) und 25 Prozent haben schon einmal jemanden auf negative Art als »schwul« oder »lesbisch« bezeichnet (10 Prozent der Mädchen). 11 Prozent der Jungen geben an, gegen den Willen einer Person diese an Po oder Brust »angetatscht« zu haben (4 Prozent der Mädchen).

Alter der Aggressor/innen: Wie bei den Viktimisierungserfahrungen und den Beobachtungen zeigt sich auch bei denjenigen, die sexuelle Gewalt ausüben, ein klarer Alterseffekt (ohne Abb.). Je älter die Befragten, desto häufiger geben sie zu Protokoll (bereits mindestens einmal) Entsprechendes getan zu haben.

Weitere Unterscheidungsmerkmale: Bedeutsame Unterschiede nach Bildungsgang, Migrationshintergrund oder sozialer Schicht gibt es nicht.

Alter bei erstmaliger Ausübung: Wir haben die Aggressor/innen gefragt, wie alt sie waren, als sie zum ersten Mal sexuelle Gewalt ausgeübt haben. Die Auswertung bezieht sich nur auf die 15 Jahre alten und älteren Befragten. Diese Einschränkung ist notwendig, da nur die 15-Jährigen (und älteren) auf das Alter bis 14 Jahre als abgeschlossene Lebensphase zurückblicken können.

Die Linie in Abbildung 16 zeigt, dass bis zum Alter von 11 Jahren die Wahrscheinlichkeit, das erste Mal als Aggressor/in in Erscheinung zu treten, relativ gering ist. Nur 11 Prozent der 15-Jährigen und älteren geben an, bis zum Alter von 11 Jahren sexuelle Gewalt zum ersten Mal ausgeübt zu haben. Mit 12 Jahren beginnt die Kurve exponentiell zu steigen, die Prozentsatzdifferenzen werden mit den Jahresschritten zunehmend größer. Etwas mehr als ein Drittel (36 Prozent) der Aggressor/innen übt sexuelle Gewalt bis zum Alter von 13 Jahren das erste Mal aus, knapp zwei Drittel das erste Mal bis zum Alter von 14 Jahren. Dies entspricht analog in etwa auch den Altersangaben der von sexueller Gewalt Betroffenen und verweist einmal mehr auf das Einsetzen sexueller Gewalt unter Gleichaltrigen mit der Pubertät bzw. dem Jugendalter.

»Ich denke, dass die Männer nie aufhören werden, Frauen als ihr eigenes Objekt zu betrachten. Natürlich gibt es Ausnahmen, aber zurzeit ist das ganz schlimm. Niemand wird etwas gegen sexuelle Gewalt tun können.«

HAST DU SOLCHE ODER ÄHNLICHE DINGE SELBST SCHON MAL GEMACHT?

MÄDCHEN

16

10

VERBAL UND/ODER SCHRIFTLICH:

*Jemanden auf negative Art als »schwul« oder »lesbisch« bezeichnet?****

*Über jemand sexuelle Kommentare, Beleidigungen, Witze oder Gesten gemacht?****

Über jemand Gerüchte sexuellen Inhalts verbreitet?

3

KONFRONTATION MIT SEXUELLEN HANDLUNGEN:

1 *Jemanden dazu gedrängt, sich pornografische Bilder, Zeichnungen oder Filme anzuschauen (z.B. auf dem Handy/Smartphone)?***

0 *Jemanden dazu gedrängt, dein Geschlechtsteil anzuschauen?***

VIKTIMISIERUNG IM INTERNET:

*Jemanden im Internet (z.B. Facebook, Instagram, Snapchat usw.) sexuell angemacht oder belästigt?*** 1

*Von jemandem intime Fotos oder Filme ins Internet gestellt?** 0

DIREKTER KÖRPERKONTAKT:

4 *Jemanden in sexueller Form am Körper berührt (»angetatscht« z.B. Po oder Brust)?****

1 *Versucht, jemanden gegen seinen Willen zu küssen?**

0 *Jemanden dazu gedrängt, dein Geschlechtsteil (Penis oder Scheide) zu berühren?****

JUNGEN

VERBAL UND/ODER SCHRIFTLICH:

25

*Jemanden auf negative Art als »schwul« oder »lesbisch« bezeichnet?****

28

*Über jemand sexuelle Kommentare, Beleidigungen, Witze oder Gesten gemacht?****

2

Über jemand Gerüchte sexuellen Inhalts verbreitet?

KONFRONTATION MIT SEXUELLEN HANDLUNGEN:

2

*Jemanden dazu gedrängt, sich pornografische Bilder, Zeichnungen oder Filme anzuschauen (z.B. auf dem Handy/Smartphone)?***

1

*Jemanden dazu gedrängt, dein Geschlechtsteil anzuschauen?***

VIKTIMISIERUNG IM INTERNET:

2

*Jemanden im Internet (z.B. Facebook, Instagram, Snapchat usw.) sexuell angemacht oder belästigt?***

1

*Von jemandem intime Fotos oder Filme ins Internet gestellt?**

DIREKTER KÖRPERKONTAKT:

11

*Jemanden in sexueller Form am Körper berührt (»angetatscht« z.B. Po oder Brust)?****

3

*Versucht, jemanden gegen seinen Willen zu küssen?**

2

*Jemanden dazu gedrängt, dein Geschlechtsteil (Penis oder Scheide) zu berühren?****

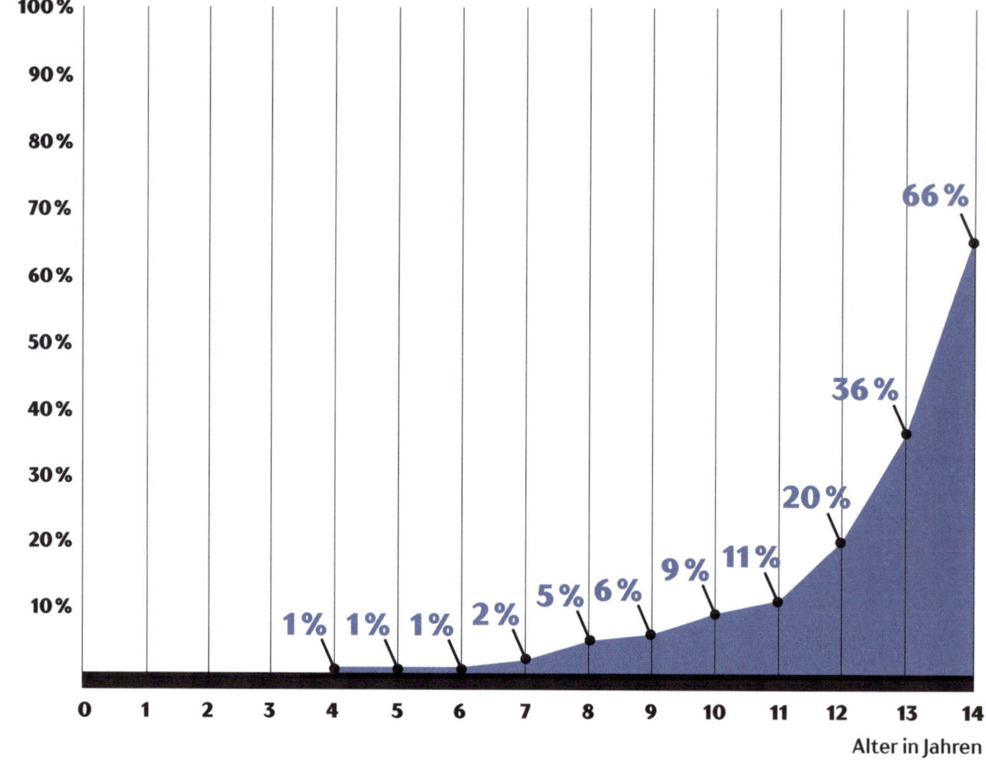

Abb. 16: Alter, zu dem sexuelle Gewalthandlungen das erste Mal ausgeübt wurden – nur 15-Jährige und ältere Jugendliche | Speak! $n_{gültig}$=425, gewichtete Daten

Motive für die Ausübung sexueller Gewalt

In der bereits genannten nordamerikanischen Studie (AAUW 2011) berichten die Jugendlichen, die sexuelle Gewalt ausgeübt haben, zu einem großen Teil, dass es sich bei ihren Taten doch eigentlich um keine »große Sache« handle bzw. diese zum schulischen Leben einfach dazugehören. Viele gaben auch an, sie wollten einfach nur »lustig« sein.

Zu bedenken ist, dass viele Motive für Handlungen, die ohne großes Nachdenken ausgeführt werden, oftmals den Handelnden nicht bewusst sind. Bei den Motiven, die im Folgenden genannt sind (s. Abb.17), handelt es sich nur um solche, die vergegenwärtigt werden können, die reflexiv zugänglich sind. Tieferliegende Motive können wir mit diesem standardisierten Frage-Instrument nicht ergründen. Dazu sind weitere (insbesondere qualitative) Forschungen notwendig.

>>> WERKZEUG

Um – zumindest in Ansätzen – zu ergründen, aus welchen Motiven Jugendliche sexuelle Gewalt ausüben, haben wir gefragt: »Was hast du gedacht oder gefühlt, als du das gemacht hast?« Dazu sollten sich die befragten Jugendlichen auf das Ereignis beziehen, das ihnen am stärksten gegenwärtig war. Die Antwortvorgaben zu den einzelnen Statements reichten von »1 = stimmt nicht« bis »4 = stimmt genau«. Wir haben für die folgenden Auswertungen die Antworten »stimmt eher« und »stimmt genau« zusammengefasst.

Statements: Der weit überwiegende Teil der befragten Jugendliche gibt an, dass sie dachten, »das ist keine große Sache« (81 Prozent). Fast drei Viertel der Befragten (71 Prozent) beschreiben die Situation mit »das ist einfach so passiert, ohne besonderen Grund« und fast zwei Drittel (65 Prozent) geben an »habe gedacht, das ist nur Spaß« (Abb. 17). Sichtbar wird an diesen Antworten die Schwierigkeit Jugendlicher, das eigene Handeln in seiner Wirkmächtigkeit auf andere Personen einzuschätzen. Zugleich scheint damit der Versuch verbunden, das eigene Handeln in einen auf Spaß und Bagatellisierung fokussierten Kontext einordnen zu wollen. Dies dient, so eine Interpretationsversion, zugleich der Distanzierung von den eigenen Handlungen wie auch der Rechtfertigung.

Eine zweite Gruppe von Antworten, »so was habe ich auch schon erlebt« (mit 48 Prozent), »sie/er hat mich vorher schlecht behandelt« (39 Prozent) und »ich war irgendwie sauer« (33 Prozent), stehen für Motive, die das eigene Verhalten vor allem als (Gegen-)Reaktion beschreiben: auf vorherige selbst erlebte Gewalterfahrungen, als Gegenreaktion darauf, selbst schlecht behandelt worden zu sein. Mit größerem Abstand folgt »konnte die Person nicht ausstehen« (24 Prozent) sowie »wollte mich rächen« (17 Prozent). Antipathien und Rache spielen als Begründungen für das eigene Verhalten eine nicht zu unterschätzende Rolle. Gut ein Viertel der Befragten (26 Prozent) hat die eigenen Taten später bereut. Dass andere Personen zu dieser Tat gedrängt haben, wird nur von 5 Prozent der Befragten angegeben.

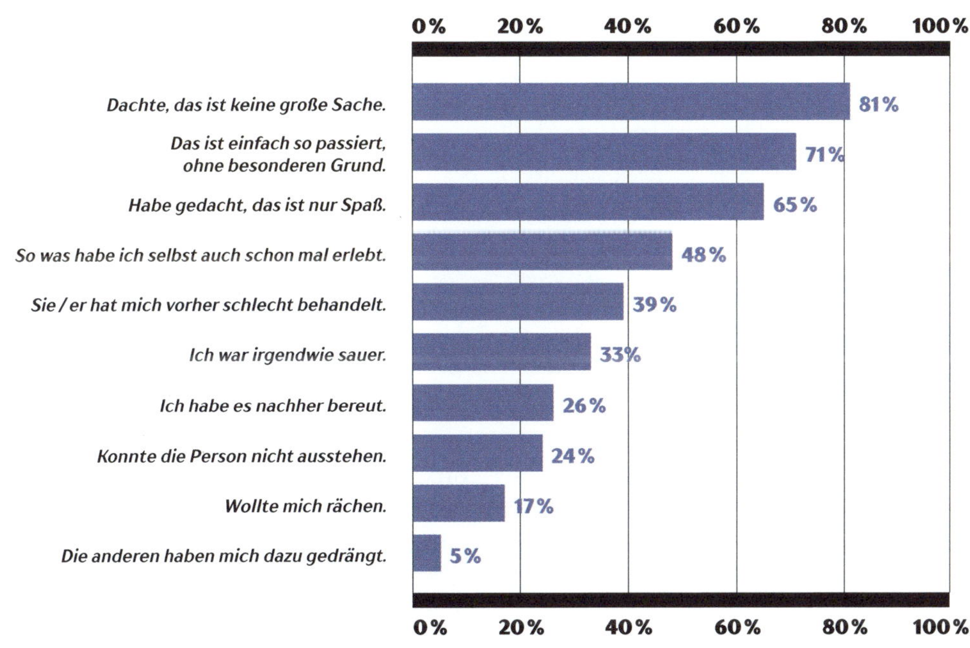

Abb. 17: Statements Jugendlicher, die sexuelle Gewalt ausgeübt haben | Speak! $n_{gültig}$>594, gewichtete Daten

Erweitertes Aggressor/innen-Profil

In Tabelle 7 sind drei Gruppen dargestellt: diejenigen, die keine sexuelle Gewalt verüben, die Gruppe, die ausschließlich verbale und/oder schriftliche Gewalt ausübt, und die Gruppe, die andere Formen (inklusive körperliche Gewalt) ausübt. Insgesamt üben 72 Prozent aller Befragten keine sexuelle Gewalt aus. Die Unterschiede zwischen Mädchen und Jungen sind hoch signifikant: Mädchen üben zu 79 Prozent *keine* sexuelle Gewalt aus, Jungen zu 64 Prozent. 19 Prozent der Befragten üben ausschließlich verbale und/oder schriftliche Formen aus; Mädchen zu 16 Prozent und Jungen zu 22 Prozent. Bezogen auf die Gewaltformen, die auch körperliche sexuelle Gewalt beinhalten, üben diese insgesamt 10 Prozent aller Befragten aus. Differenziert nach Geschlecht sind dies 14 Prozent der Jungen und 5 Prozent der Mädchen.

Erfahrungen als Betroffene: Für die Jugendlichen, die sexuelle Gewalt ausüben, können wir auch angeben, inwieweit sie gleichzeitig über Erfahrungen als Betroffene sexueller Gewalt berichten. Von den Jugendlichen, die ausschließlich verbale und/oder schriftliche sexuelle Gewalt ausgeübt haben, geben 74 Prozent an, selbst nicht-körperliche sexuelle Gewalt erfahren zu haben. Von den Jugendlichen, die (auch) körperliche Formen sexueller Gewalt ausgeübt haben, berichten 35 Prozent über Betroffenenerfahrungen im Bereich körperlicher sexueller Gewalt. In beiden Fällen liegen die Betroffenenquoten bei den Jugendlichen, die sexuelle Gewalt ausgeübt haben, damit deutlich über den Betroffenenquoten von Jugendlichen, die selbst keine sexuelle Gewalt ausüben.

	Mädchen***	Jungen	Gesamt[1]
Keine Ausübung sexueller Gewalt	79 %	64 %	72 %
Ausübung ausschließlich verbal und/oder schriftlich	16 %	22 %	19 %
Ausübung anderer Formen sexueller Gewalt (inkl. körperliche Formen)	5 %	14 %	10 %

Tab. 7: Gruppen die sexuelle Gewalt ausüben – nach Geschlecht | Speak! n=2.651, gewichtete Daten; Testung der Gruppenunterschiede basierend auf zweiseitigem Chi-Quadrat-Test 1) Es ergeben sich bedingt durch Rundungsfehler in der Summe 101 Prozent

Ratschläge der Jugendlichen

Wir haben diejenigen Jugendlichen, die körperliche sexuelle Gewalt selbst ausgeübt haben, gefragt: »Das, was du gemacht hast, kann als Erfahrung wichtig sein, um anderen zu helfen. Was würdest du jemandem sagen, der vielleicht vorhat, so etwas zu machen?« Die Jugendlichen konnten dazu mit eigenen Worten ihre Empfehlungen formulieren. Knapp 500 Antworten wurden geschrieben. Die fünf von den meisten Jugendlichen genannten Antwort-Kategorien sind in Tabelle 8 dargestellt.

Die meisten Befragten, die selbst schon mindestens einmal sexuelle Gewalt verübt haben (und die einen Ratschlag hierzu geben), geben zu 20 Prozent

Rang	Kategorie	Prozent der Fälle
1	»Lass es«	20
2	»Es sollte Spaß sein«	18
3	»Sich die Folgen bewusst machen«	13
4	»Lass es, es verletzt andere Menschen«	12
5	»Nur bei Einverständnis«	10

Tab. 8: Ratschläge der Jugendlichen, die sexuelle Gewalt ausgeübt haben – die fünf von den meisten Jugendlichen genannten Antwort-Kategorien | Speak! $n_{gültig}$=373, gewichtete Daten, Mehrfachantworten möglich

eine klare Losung aus: »Lass es«. 12 Prozent geben darüber hinaus noch eine Begründung dazu an, die aussagt, dass es andere Menschen verletzt. 18 Prozent führen so etwas wie eine Rechtfertigung ihrer Gewalthandlungen an, die darauf verweist, es sei doch nur Spaß gewesen und sollte auch von den Betroffenen als Spaß aufgenommen werden. Dies verdeutlicht, dass sexuelle Gewalthandlungen für einen Teil der Jugendlichen oft nicht klar einzuordnen sind. Ein deutliches Unrechtsbewusstsein, etwas falsch gemacht zu haben, fehlt in diesen Fällen. Wie die beiden Kategorien zu »lass es« und die Kategorie »sich die Folgen bewusst machen« (13 Prozent) allerdings auch zeigen, gibt es durchaus auch Aggressor/innen, die sich die Folgen ihrer Taten vor Augen führen. Dazu eine Sammlung von Zitaten der Jugendlichen:

- »Es am besten einfach lassen. —> Auch wenn es nur als Spaß gemeint sein kann, kann es andere verletzten.«
- »Einfach lassen, denn die späteren Probleme sind es nicht wert.«
- »Dass es nicht klug ist, sowas zu tun, da man Menschen verletzen kann oder sich sogar zum Gehassten zu machen.«
- »Mach es nicht! Als ich es getan hab, war ich verblendet und noch grün hinter den Ohren. Es ist dumm und diskriminierend.«
- »Nicht machen, weil es für alle Beteiligten nur unnötiger Stress ist. Und es für das Opfer schlimme Folgen haben kann«.
- »Lass es bleiben! Das ist kein Spaß! Das ist sehr intim!«
- »Macht es nicht, denn es versaut euer Image, bringt euch nichts und kann sehr negative Folgen für dich oder die Person haben.«
- »Man kann jemanden seelisch sehr hart verletzen, sogar in den Selbstmord treiben. Sein lassen und falls es bereits geschehen ist, rede mit der Person darüber.«
- »Ich habe, seitdem ich jemanden gezwungen habe zu küssen, daraus gelernt, mich einfach zurückzuhalten. Von allen!!«
- »Lass es! Es schadet der Person/dem Opfer nur. Egal wie viel du getrunken hast, das ist ein No-Go! Dann trink lieber weniger und im schlimmsten Fall geh' halt ins Bordell!«
- »Tu es nicht, mir ist es auch nur passiert, weil ich betrunken war. Obwohl dies keine Entschuldigung ist.«

3.4 SEXUELLE GEWALTERFAHRUNGEN IM ÜBERBLICK

Am Ende dieses Kapitels tragen wir die zentralen Prävalenzen nochmals zusammentragen (Tab. 9).

Fassen wir körperliche und nicht-körperliche Erfahrungen zusammen, berichten insgesamt 52 Prozent der Befragten von (mindestens) einer der aufgelisteten Erfahrungen als unmittelbar Betroffene/r. 70 Prozent haben bereits einmal sexuelle Gewalt beobachtet, 38 Prozent kennen sie vom Hörensagen. 28 Prozent sind selbst als Aggressor/innen in Erscheinung getreten. Fassen wir alle Erfahrungsformen und -perspektiven zusammen (ohne Abb.), zeigt sich, dass 81 Prozent der Jugendlichen angeben, in irgendeiner Art und Weise Erfahrungen mit sexueller Gewalt gemacht zu haben, sei es als Betroffene, Beobachter/innen, Aggressor/innen oder durchs Hörensagen. Nur 19 Prozent der Befragten berichten über keinerlei Erfahrungen mit sexueller Gewalt.

	Betroffene	**Beobachter/innen**[1]	**Vom Hörensagen**[1]	**Aggressor/innen**[1]
Nicht-körperliche Erfahrungen				
Jemand hat gegen meinen Willen intime Fotos oder Filme von mir ins Internet gestellt.	2%	n.e.[2]	n.e.[2]	0%
Ich wurde im Internet (z. B. in Facebook, Instagram, Snapchat usw.) sexuell angemacht oder belästigt.	21%	n.e.	n.e.	1%
Jemand hat mich dazu gedrängt oder gezwungen, pornografische Bilder, Zeichnungen oder Filme anzuschauen (auch auf dem Handy/Smartphone).	5%	9%	n.e.	1%
Jemand hat mich dazu gebracht, sein/ihr Geschlechtsteil anzusehen, obwohl ich das nicht wollte (Exhibitionismus).	9%	15%	n.e.	5%
Jemand hat über mich Gerüchte sexuellen Inhalts verbreitet.	13%	44%	n.e.	2%
Jemand hat mich auf eine negative Art als »schwul« oder »lesbisch« bezeichnet.	19%	56%	n.e.	17%
Jemand hat über mich sexuelle Kommentare, Beleidigungen, Witze oder Gesten gemacht.	33%	54%	n.e.	21%
Gesamt nicht-körperliche Erfahrungen	**48%**	**68%**	**-**	**26%**

	Betroffene	Beobachter/innen[1]	Vom Hörensagen[1]	Aggressor/innen[1]
Körperliche Erfahrungen				
Mich hat jemand zu Nacktaufnahmen (gemeint sind auch pornografische Aufnahmen) gedrängt oder gezwungen.	3%	n.e.	12%	n.e.
Mich hat jemand dazu gedrängt oder gezwungen, mich auszuziehen (ganz nackt oder teilweise).	4%	n.e.	13%	n.e.
Jemand hat mich zum Geschlechtsverkehr gedrängt oder gezwungen. (Es ist zum Geschlechtsverkehr gekommen.)	2%	n.e.	7%	n.e.
Jemand hat versucht, mich zum Geschlechtsverkehr zu drängen oder zu zwingen. (Es ist aber nicht zum Geschlechtsverkehr gekommen.)	6%	n.e.	11%	n.e.
Mich hat jemand gedrängt oder gezwungen, Sex mit einer anderen Person zu haben.	1%	n.e.	n.e.	n.e.
Mich hat jemand gedrängt oder gezwungen, sein/ihr Geschlechtsteil (Scheide oder Penis) zu berühren.	5%	n.e.	11%	1%
Mich hat jemand gegen meinen Willen an meinem Geschlechtsteil (Scheide oder Penis) berührt.	7%	10%	14%	n.e.
Mich hat jemand gegen meinen Willen in sexueller Absicht geküsst.	8%	19%	24%	2%
Mich hat jemand gegen meinen Willen in sexueller Form am Körper berührt (»angetatscht« z. B. Po oder Brust).	18%	34%	26%	7%
Gesamt körperliche Erfahrungen	**23%**	**34%**	**38%**	**8%**
Gesamt nicht-körperliche und körperliche Erfahrungen	**52%**	**70%**	-	**28%**

Tab. 9: Sexuelle Gewalterfahrungen – Prävalenzraten (in Prozent) | 1) Die Itemformulierung ist im Fragebogen jeweils an die Befragtenperspektive angepasst, z. B. Beobachter/innen: »Hast du solche oder ähnliche Dinge schon mal beobachtet?«; 2) n. e. = für die Befragtengruppe nicht erhoben

3.5 DARÜBER SPRECHEN

Mit anderen Personen über das, was man erlebt hat, zu sprechen, kann zur Entlastung beitragen und zugleich (und je nach Schwere des Erlebten) auch ein erster Schritt sein, um später professionelle Hilfe in Anspruch zu nehmen.
Wir haben zu dem Thema »darüber sprechen« eine Reihe von differenzierten Fragen gestellt. In einem ersten Schritt haben wir alle Gruppen, also die der Betroffenen, die der Beobachter/innen sowie die Gruppe der Aggressor/innen, gefragt, ob sie über das Erlebte gesprochen haben. Wenn ja, wurde weiter gefragt, mit wem sie gesprochen haben und ob es ihnen geholfen hat. Dazu haben wir eine Liste mit 20 Personen vorgegeben. Zusätzlich konnten weitere Personen von den Jugendlichen selbst eingetragen werden. Darüber hinaus haben wir die Jugendlichen, die nicht darüber gesprochen haben, nach ihren Gründen gefragt.

Über nicht-körperliche sexuelle Gewalterfahrungen sprechen

Gut die Hälfte der Befragten (52 Prozent), die nicht-körperliche sexuelle Gewalt erlebt hat, gibt an, darüber mit jemandem gesprochen zu haben, Mädchen zu einem signifikant größeren Anteil (62 Prozent) als Jungen (35 Prozent). Wir haben weiter gefragt: »Mit wem wurde gesprochen?«

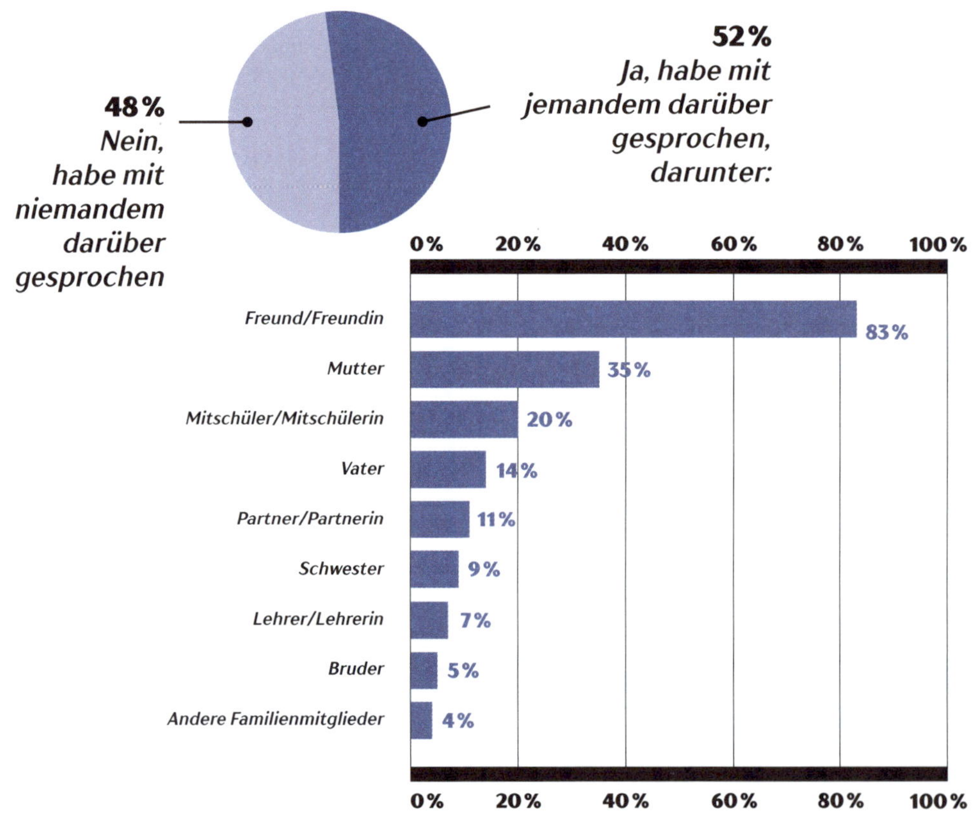

Abb. 18: Mit wem wurde über nicht-körperliche sexuelle Gewalterfahrungen gesprochen? – die von den meisten Befragten genannten Personen (Prozentuierung auf der Basis der Fälle) | Speak! $n_{gültig}$=547, gewichtete Daten, Mehrfachantworten möglich

Darüber sprechen: Abbildung 18 zeigt: Die allermeisten Jugendlichen, die darüber gesprochen haben, haben sich an einen Freund oder eine Freundin gewandt (83 Prozent), 35 Prozent an die Mutter, 20 Prozent an einen Mitschüler oder eine Mitschülerin, 14 Prozent an den Partner oder die Partnerin. Die Schwester wird von 9 Prozent ins Vertrauen gezogen, gefolgt vom Lehrer/von der Lehrerin (7 Prozent), dem Bruder (5 Prozent) und anderen Familienmitgliedern (4 Prozent). Beratungsstellen wurden von keinem/keiner Befragten angegeben.

Nutzen des Darübersprechens: Eine Anschlussfrage (ohne Abb.) nimmt in den Blick, ob es geholfen hat, darüber zu sprechen. Die Meisten (84 Prozent) sagen »ja, es hat sehr geholfen« oder zumindest »etwas geholfen«. Darüber zu sprechen, hilft also den allermeisten, die nicht-körperliche sexuelle Gewalt erlebt haben. Einen signifikanten Unterschied hinsichtlich dieser Bewertung finden wir nur in der Differenzierung nach Geschlecht: Mädchen geben häufiger (zu 86 Prozent) an, dass ihnen Gespräche über das Erlebte geholfen haben, als Jungen (mit 77 Prozent; die auch seltener Gespräche suchen).

Nicht darüber sprechen: Wie wir am Anfang dieses Abschnitts gesehen haben, sprechen 48 Prozent der Jugendlichen mit niemandem über ihre Erfahrungen im Bereich nicht-körperlicher sexueller Gewalt. Um die Hintergründe hierzu genau zu untersuchen, haben wir diese Gruppe von Jugendlichen gefragt, warum sie mit niemandem darüber gesprochen haben. 70 Prozent der Jungen geben an, dass sie es »nicht so schlimm« fanden, Mädchen nennen diesen Grund zu 50 Prozent. Jeweils fast ein Viertel (24 Prozent) der Mädchen gibt als weitere Gründe an, dass sie sich »geschämt« haben (Jungen mit 7 Prozent), »nicht mehr daran denken« wollten (Jungen mit 11 Prozent) und dass sie nicht wussten, »mit wem« sie hätten sprechen können (Jungen mit 6 Prozent). Darauf folgen, dass das »Vertrauen« fehlte (16 Prozent der Mädchen, 6 Prozent der Jungen), dass befürchtet wurde, dass niemand das Erzählte »geglaubt« hätte (8 Prozent der Mädchen, 1 Prozent der Jungen) oder die Sorge, es »damit noch schlimmer« zu machen (7 Prozent der Mädchen, 4 Prozent der Jungen). Jeweils kleine Anteile männlicher und weiblicher Jugendlicher (5 Prozent und 2 Prozent) wissen nicht, warum sie mit niemandem gesprochen haben.

ZUSAMMENFASSUNG
Vielfältige Motive werden sichtbar, die darauf hindeuten, dass gerade Mädchen Scham empfinden, das Geschehene verdrängen wollen oder keine Person des Vertrauens haben.

Über körperliche sexuelle Gewalterfahrungen sprechen

Auch mit Blick auf körperliche sexuelle Gewalterfahrungen wollten wir wissen, ob und mit wem gesprochen wurde und ob die Gespräche hilfreich waren. 60 Prozent der Schüler/innen, die (körperliche) sexuelle Gewalt erlebt haben, geben an, darüber mit jemandem gesprochen zu haben. Wobei es einen klaren Unterschied zwischen Mädchen und Jungen gibt. Während zwei Drittel der betroffenen Mädchen das Gespräch suchen, beträgt dieser Anteil bei den Jungen nur ein Drittel.

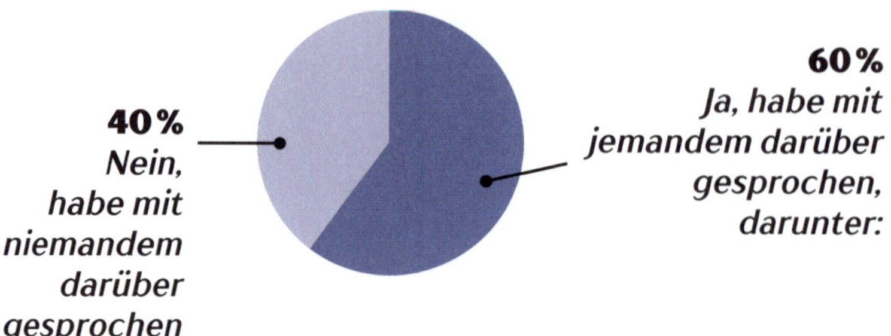

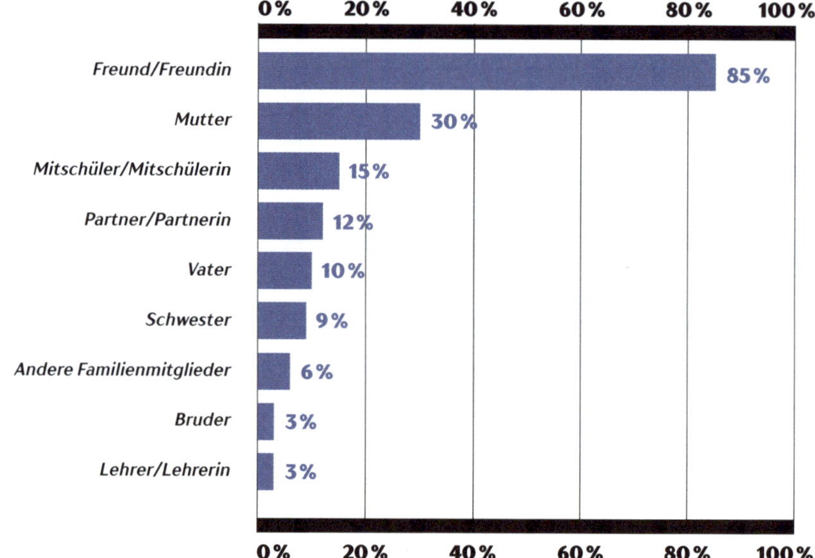

Abb. 19: Mit wem wurde über körperliche sexuelle Gewalterfahrungen gesprochen? – die von den meisten Befragten genannten Personen (Prozentuierung auf der Basis der Fälle) | Speak! $n_{gültig}$=312, gewichtete Daten, Mehrfachantworten möglich

Darüber sprechen: Besonders häufig wird mit dem Freund oder der Freundin gesprochen (85 Prozent der Betroffenen, die mit jemandem gesprochen haben, wenden sich an diese Personen) (Abb. 19). Dann folgt, mit erheblichem Abstand, die Mutter (mit 30 Prozent), der Mitschüler oder die Mitschülerin (15 Prozent), der Partner oder die Partnerin (12 Prozent), der Vater (10 Prozent), die Schwester (9 Prozent), andere Familienmitglieder (6 Prozent) und der Bruder (3 Prozent). Nur 3 Prozent der von körperlicher sexueller Gewalt Betroffenen wenden sich an den Lehrer oder die Lehrerin. Gegenüber den Ergebnissen zur nicht-körperlichen sexuellen Gewalt spielen die Freund/innen in diesem Kontext noch eine etwas größere Rolle. Die Bedeutung der Mutter und des Vaters als Gesprächspartner/innen nimmt ab, wenn es um körperliche sexuelle Gewalt geht, ebenso die Bedeutung des Lehrers/der Lehrerin. Beratungsstellen wurden von unter 1 Prozent der Befragten genannt.

ZUSAMMENFASSUNG

Die meisten von körperlicher sexueller Gewalt Betroffenen, die darüber sprechen, wählen den Freund oder die Freundin als Gesprächspartner/in. Der Lehrer oder die Lehrerin spielt mit unter 3 Prozent eine eher marginale Rolle. Zwei Drittel der Mädchen reden darüber, wenn sie körperliche sexuelle Gewalt erlebt haben. Aber nur ein Drittel der Jungen spricht darüber.

Nutzen des Darübersprechens: Über das Erlebte zu sprechen, hilft in den meisten Fällen – gut drei Viertel der Befragten (80 Prozent) geben dies an. Die Werte fallen dabei etwas geringer aus als im Vergleich zu den nicht-körperlichen sexuellen Gewalterfahrungen. Bezogen auf das Geschlecht sind die Mädchen mit einem signifikant größeren Anteil (81 Prozent) als die Jungen (mit 70 Prozent) der Ansicht, dass darüber zu reden geholfen hat.

Nicht darüber sprechen: Auch hier haben wir diejenigen, die mit niemandem darüber gesprochen haben, gefragt, warum sie das nicht getan haben. 52 Prozent der Jungen geben an, dass sie es »nicht so schlimm« fanden; Mädchen geben dies zu einem guten Drittel an (35 Prozent). Die wichtigste Begründung bei den Mädchen (mit 39 Prozent, 22 Prozent bei den Jungen) ist, dass sie sich »geschämt« haben. Jeweils ein gutes Drittel der Mädchen »wusste nicht, mit wem« sie hätten sprechen können (35 Prozent der Mädchen, 17 Prozent der Jungen) oder wollte »selbst nicht mehr daran denken« (34 Prozent der Mädchen, 20 Prozent der Jungen). 24 Prozent der Mädchen (und 14 Prozent der Jungen) geben darüber hinaus an, dass sie »zu niemandem Vertrauen« hatten und 11 Prozent (1 Prozent der Jungen) befürchteten, es »damit noch schlimmer« zu machen. Auffällig ist der hohe Prozentsatz männlicher Jugendlicher (22 Prozent), die angeben, nicht zu wissen, warum sie nicht darüber gesprochen haben. Insgesamt spricht aus diesen Angaben eine Not: Mädchen schämen sich im Besonderen für das, was ihnen an körperlicher sexueller Gewalt zugefügt wurde; dies gilt auch in einem wesentlichen Maß für männliche Betroffene. Viele Betroffene haben zudem keine Person, der sie sich anvertrauen können, sie wollen das Geschehene am liebsten vergessen und haben Angst, indem sie darüber reden und intervenieren, alles noch schlimmer zu machen. Für Jungen, die von körperlicher sexueller Gewalt betroffen sind, scheint die Unsicherheit besonders stark. Ein großer Teil kann nicht angeben, was sie davon abhält, darüber zu reden.

ZUSAMMENFASSUNG
Warum über erlebte sexuelle Gewalt – sowohl körperliche als auch nicht-körperliche – nicht gesprochen wird, verweist auf tiefliegende Unsicherheiten, Schamgefühle, auf Angst vor Ausgrenzung und darauf, keine Personen des Vertrauens zu haben. Insgesamt zeigt sich hierin in besonders deutlicher Form die dringende Notwendigkeit, präventiv tätig zu werden.

Über Beobachtungen von sexueller Gewalt sprechen

41 Prozent derer, die sexuelle Gewalt beobachtet haben, haben mit jemandem darüber gesprochen. Auch hier sind es verstärkt Mädchen (mit 48 Prozent), die darüber sprechen (Jungen zu 31 Prozent).

Darüber sprechen: Von denjenigen, die mit jemandem gesprochen haben, haben 82 Prozent mit einem Freund/einer Freundin gesprochen, 34 Prozent mit einem Mitschüler oder einer Mitschülerin. Das heißt, dass auch beobachtete Erfahrungen am häufigsten im Kreis der Gleichaltrigen (Freunde bzw. Mitschüler/innen) besprochen werden. Im Familienkreis berichten deutlich weniger Befragte davon: 26 Prozent der Jugendlichen vertrauen ihre Beobachtungen ihrer Mutter an, 13 Prozent ihrem Vater. Der Lehrer oder die Lehrerin spielen eine eher randständige Rolle als Personen, denen man das Beobachtete erzählt; nur 4 Prozent der Jugendlichen, die sexuelle Gewalt beobachtet haben, teilen ihre Beobachtung Lehrkräften mit.

Nutzen des Darübersprechens: Über das Erlebte zu sprechen, hilft in den meisten Fällen – fast drei Viertel (71 Prozent) derjenigen Befragten, die mit jemandem gesprochen haben, geben dies an.

Nicht darüber sprechen: Ähnlich der Erfahrungen der Betroffenen von sexueller Gewalt haben wir auch mit Blick auf die Beobachter/innen gefragt, warum sie mit niemandem gesprochen haben. 58 Prozent der männlichen Befragten geben an, dass sie es »nicht so schlimm« fanden (46 Prozent der Mädchen). Als zweitwichtigstes Motiv (neben »andere Gründe«) gaben die Befragten an, sie wussten nicht, »mit wem« der Jugendlichen (17 Prozent der Mädchen und 7 Prozent der Jungen), 10 Prozent der Mädchen (6 Prozent der Jungen) wollten nicht mehr »daran denken«. Ein relativ großer Teil der Jugendlichen (17 Prozent der Mädchen und 15 Prozent der Jungen) »weiß es nicht«, warum sie mit niemandem gesprochen haben.

Über die eigenen Gewalthandlungen sprechen

Auch die Jugendlichen, die sexuelle Gewalt ausgeübt haben, haben wir danach gefragt, ob sie darüber mit jemandem gesprochen haben. Etwas mehr als ein Viertel (28 Prozent) derer, die sexuelle Gewalt ausgeübt haben, hat dies getan. Weibliche Aggressorinnen sprechen mit 35 Prozent signifikant häufiger mit jemandem über ihre Tat, als dies männliche Aggressoren tun (24 Prozent).

Darüber sprechen: Diejenigen Aggressor/innen, die mit jemandem über das gesprochen haben, was sie getan haben, tun dies vornehmlich (zu 82 Prozent) mit dem Freund/der Freundin, gefolgt vom Mitschüler bzw. von der Mitschülerin (45 Prozent). Je 15 Prozent haben mit der Mutter und mit dem Partner/der Partnerin darüber gesprochen. Der Lehrer/die Lehrerin wird von 2 Prozent als Ansprechpartner/in genannt.

Nutzen des Darübersprechens: Fast zwei Dritteln (62 Prozent) der Aggressor/innen, die mit jemandem darüber gesprochen haben, hat es dabei nach eigenen Angaben geholfen, darüber zu sprechen. Dabei erleben vor allem die weiblichen Aggressorinnen ein Gespräch als hilfreich (80 Prozent der Mädchen gegenüber 46 Prozent der Jungen).

Nicht darüber sprechen: Warum haben Jugendliche, die sexuelle Gewalt ausgeübt haben, nicht darüber gesprochen (Abb. 20)? Hier ist ein anderes Antwortprofil zu erwarten als bei den Befragten, die sexuelle Gewalt direkt (Betroffene) und indirekt (Beobachter/innen) erfahren haben.
Im Unterschied zu den vorherigen Abschnitten und zur Frage, aus welchen Gründen nicht über das Geschehene gesprochen wurde, findet hier ein besonders hoher Anteil, dass »es nicht so schlimm« war (72 Prozent der Jungen und 66 Prozent der Mädchen). Eine Lesart zu dieser Begründung ist, dass sie eine Art bagatellisierende Rechtfertigung für die Handlungen darstellt. Neben

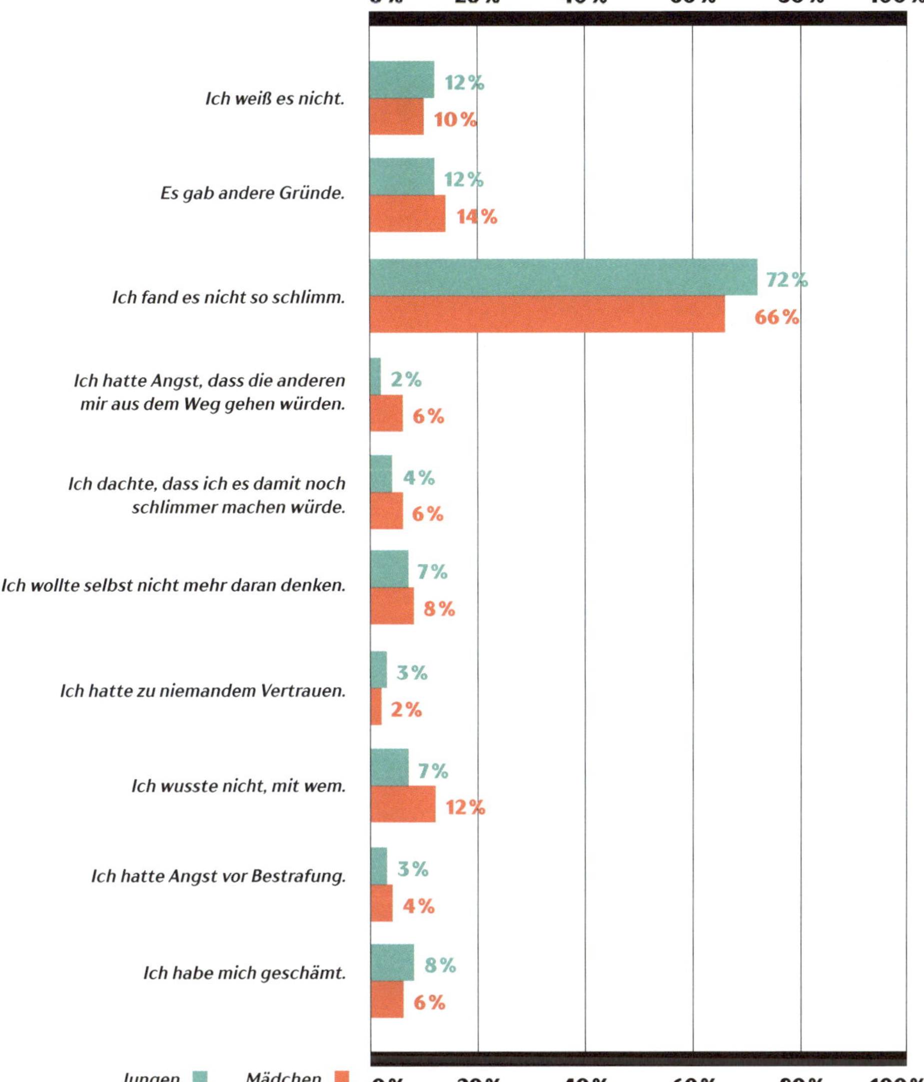

Abb. 20: Warum haben die Aggressor/innen mit niemandem über das, was sie gemacht haben, gesprochen? – getrennt nach Geschlecht | Speak! $n_{gültig}$=415, gewichtete Daten, Mehrfachantworten möglich

den Angaben zu »andere Gründe« und »ich weiß es nicht«, sagen 12 Prozent der Jungen und 7 Prozent der Mädchen, sie wussten nicht »mit wem«, wollten »selbst nicht mehr daran denken« (Mädchen 8 Prozent und Jungen 7 Prozent) oder hätten sich »geschämt« (8 Prozent der Jungen und 6 Prozent der Mädchen).

4 — Lebensweltliche Zusammenhänge

»Es ist normal, dass du manchmal denkst, du bist drüber hinweg, und es kommt trotzdem irgendwann wieder.«

In diesem Kapitel beschreiben wir einige Zusammenhänge (statistisch gesprochen: Korrelate) sexueller Gewalt mit der Erfahrungs- und Lebenswelt Jugendlicher. Beispielsweise greifen wir die Frage auf, welche Folgen sexuelle Gewalt für die Betroffenen hat, ob Jugendliche mit Viktimisierungserfahrungen ein anderes Bild von sich selbst haben, sich anders fühlen, als nicht betroffene Jugendliche. Außerdem betrachten wir, welche Zusammenhänge es zwischen freiwilligen sexuellen Erfahrungen und sexueller Gewalt gibt und inwieweit die körperliche Entwicklung (z. B. »Frühreife«) ein erhöhtes Risiko darstellt, sexuelle Gewalt zu erfahren. In den Blick genommen wird außerdem der Konsum von Alkohol, Zigaretten und (anderen) Drogen verbunden mit der Frage, ob von sexueller Gewalt Betroffene z. B. mehr Alkohol trinken als Jugendliche ohne solche Erfahrungen. Ein weiterer Aspekt, den wir hier betrachten, ist der Pornografiekonsum Jugendlicher. Dazu fassen wir u. a. ins Auge, wie häufig Jugendliche Pornos schauen und ob Jugendliche, die Pornos konsumieren, häufiger als andere sexuelle Gewalt ausüben.

Die Abfrage der Folgen, womit wir beginnen, bezieht sich auf solche Wirkungen, von denen die Jugendlichen tatsächlich wissen und dies auch angeben, dass sie in direktem Zusammenhang mit der von ihnen erlebten sexuellen Gewalt stehen (Kap. 4.1). Das heißt, wir können davon ausgehen, dass hier von den Jugendlichen bewusst wahrgenommene Auswirkungen berichtet werden. Einzelne Unterkapitel, z. B. die Analyse der Zusammenhänge zwischen sexueller Gewalt und den Auswirkungen auf das Selbst, beschreiben dagegen Folgen, die den Befragten nicht unmittelbar bewusst sind (Kap. 4.2). Die Fragen hierzu haben wir nicht im unmittelbaren Zusammenhang mit den Erfahrungen sexueller Gewalt gestellt (im Fragebogen lagen diese Fragen vor den Fragen zu den sexuellen Gewalterfahrungen). Diese Fragen wurden nicht nur von denen beantwortet, die sexuelle Gewalterfahrungen haben, sondern von allen Befragten. Damit stehen uns verschiedene Vergleichsgruppen zur Verfügung.

4.1 HATTE DAS, WAS DU ERLEBT HAST, FOLGEN FÜR DICH?

In vielen Studien wird auf die Folgen hingewiesen, die sexuelle Gewalt für die Betroffenen haben kann. Wir sind dieser Frage ebenfalls nachgegangen und haben die Jugendlichen, die von sexuellen Gewalterfahrungen berichten, gefragt, ob das, was sie erlebt hatten, Folgen für sie hatte (als Beispiele nannten wir »dass du dich zurückgezogen hast oder Probleme beim Einschlafen hattest?«). Die Frage konnten die betroffenen Jugendlichen mit Ja oder Nein beantworten. Diejenigen Jugendlichen, die über mehrere Erfahrungen sexueller Gewalt berichten, sollten dabei an das Ereignis denken, das ihnen »am stärksten in Erinnerung ist«.

Die Jugendlichen, die bejahten, dass die Erfahrungen mit sexueller Gewalt für sie Folgen hatten, sollten im Anschluss aus einer Liste möglicher Folgen (wie Konzentrations-, Schlafstörungen oder Sorgen und Ängste) auswählen, welche das für sie waren. Und darüber hinaus, über welchen Zeitraum die Jugendlichen diese Folgen alles in allem etwa verspürt haben.

Da zu erwarten ist, dass die Folgen mit den Formen bzw. mit der Häufigkeit (das heißt mit der Schwere) unterschiedlicher Viktimisierungserfahrungen variieren, sind die Befunde in Abbildung 21 (folgende Doppelseite) nach verschiedenen Betroffenengruppen aufgeteilt. Da die Fragen nach den Folgen getrennt für den Bereich der nicht-körperlichen und körperlichen Erfahrungen erhoben wurden, sind die Betroffenengruppen für beide Bereiche getrennt dargestellt (Gruppen 1 bis 5 für den nicht-körperlichen Bereich; Gruppen 6 bis 9 für den körperlichen Bereich).

HAT BZW. HATTE DAS, WAS DU ERLEBT HAST, FOLGEN FÜR DICH – Z.B. DASS DU DICH ZURÜCKGEZOGEN HAST ODER PROBLEME BEIM EINSCHLAFEN HATTEST?

NICHT-KÖRPERLICHE ERFAHRUNGSBEREICHE

5

Gruppe 1: Ausschließlich Viktimisierungserfahrungen im Internet

9

Gruppe 2: Ausschließlich verbale und/oder schriftliche Erfahrungen (einmalig)

41

Gruppe 5: Erfahrungen in allen nicht-körperlichen Bereichen sexueller Gewalt

14

Gruppe 3: Ausschließlich verbale und/oder schriftliche Erfahrungen (mehrmalig)

22

Gruppe 4: verbale und/oder schriftliche Erfahrungen und Viktimisierungserfahrungen im Internet oder Konfrontation mit sex. Handlungen

KÖRPERLICHE ERFAHRUNGSBEREICHE

54

Gruppe 9: Erfahrungen in allen körperlichen Erfahrungsbereichen

15

Gruppe 6: Ausschließlich Erfahrungen mit direktem Körperkontakt (einmalig)

16

Gruppe 7: Ausschließlich Erfahrungen mit direktem Körperkontakt (mehrmalig)

37

Gruppe 8: Erfahrungen mit direktem oder indirektem Körperkontakt plus Erfahrungen mit Penetration(sversuch)

Abbildung 21 zeigt sehr deutlich, dass der Anteil derjenigen, die angeben, dass das Erlebte für sie Folgen hatte, mit dem Schweregrad der sexuellen Gewalterfahrungen ansteigt. 5 Prozent der Befragten, deren nicht-körperliche Erfahrungen sich ausschließlich auf solche im Internet beziehen (Gruppe 1), sagen, dass das dort Erlebte für sie Folgen hatte. Bei denjenigen, die Erfahrungen in allen von uns abgefragten Bereichen nicht-körperlicher sexueller Gewalt angeben (Gruppe 5), steigt dieser Anteil auf 41 Prozent. Analog verhält es sich auch mit Blick auf die körperlichen Erfahrungen. Diejenigen, die im körperlichen Bereich ausschließlich darüber berichten, unfreiwillig geküsst oder »angetatscht« worden zu sein (direkter Körperkontakt, Gruppe 6), geben zu 15 Prozent an, dass sie Folgen daraus verspürt haben. Von denjenigen, die am umfassendsten über körperliche sexuelle Gewalterfahrungen berichten (Gruppe 9), sagen dies 54 Prozent. Beide Befunde bleiben stabil, auch wenn wir die ungleiche Verteilung möglicher Kontrollvariablen in den verschiedenen Betroffenengruppen in Rechnung stellen (multivariate Analyse).

ZUSAMMENFASSUNG
Mehr Mädchen als Jungen geben an, dass die erlebte sexuelle Gewalt Folgen für sie hatte. Das gilt für nicht-körperliche wie für körperliche Erfahrungen.

Weitere Analysen zeigen (ohne Abb.), dass Mädchen signifikant häufiger angeben, Folgen gespürt zu haben, als Jungen.

Erscheinungsformen der Folgen bei nicht-körperlichen sexuellen Gewalterfahrungen: Für die folgende Auswertung (ohne Abb.) wurden die Gruppen 1 bis 5 (s. Abb. 21) zusammengenommen, also diejenigen Befragten, die nicht-körperliche sexuelle Gewalterfahrungen gemacht haben und die angeben, dass diese Erfahrungen Folgen für sie hatten. Am häufigsten wurde von diesen Jugendlichen als konkrete Folgen genannt, dass sie geweint haben (63 Prozent geben an, dass sie dies »oft« oder »sehr oft« getan haben). Darauf folgt, dass sie Sorgen und Ängste hatten (56 Prozent) oder sich geschämt haben (54 Prozent). Betrachten wir nur diejenigen Jugendlichen mit den umfangreichsten Viktimisierungserfahrungen im nicht-körperlichen Bereich (Gruppe 5 in Abb. 21), liegen die entsprechenden Prozentsätze für diese drei am häufigsten genannten Folgen um jeweils etwa 10 Prozentpunkte höher.

Zu den weiteren Folgen gehören, dass die betroffenen Jugendlichen begonnen haben, anderen Menschen zu misstrauen (49 Prozent), dachten, »nicht mehr da sein zu wollen« (45 Prozent), oder Konzentrationsprobleme verspürten (45 Prozent).

Dauer der Folgen: In einer sich anschließenden Frage wurden diejenigen Jugendlichen, die Folgen angegeben hatten, gebeten einzuschätzen, für wie lange sie diese Folgen ungefähr verspürt haben. 28 Prozent geben an, die Folgen zwischen »einige Tage« bis »zwei bis drei Wochen« verspürt zu haben. Der überwiegende Teil (72 Prozent) gibt einen längeren Zeitraum an, der zwischen »bis zu einem Monat« und »bis zu drei Monate und länger« liegt. Davon entfallen allein 49 Prozent, auf diejenigen, die angeben, die Folgen »bis zu drei Monate und länger« gespürt zu haben.

Erscheinungsformen der Folgen bei körperlichen sexuellen Gewalterfahrungen: Die Angaben derjenigen, die körperliche sexuelle Gewalterfahrungen gemacht haben (Gruppen 6 bis 9 zusammen aus Abb. 21) und die anführen, dass diese Erfahrungen Folgen für sie hatten, sind sehr ähnlich zu den oben geschilderten. Das betrifft die Reihung der häufigsten Folgen, die Prozentsätze wie auch den Befund, dass für die Gruppe der Jugendlichen mit den weitreichendsten Viktimisierungserfahrungen sexueller (körperlicher) Gewalt (Gruppe 9 in Abb. 21) die Prozentsätze für die drei am häufigsten genannten Folgen – Weinen, Sorgen und Ängste haben sowie sich schämen – um etwa 10 Prozentpunkte höher liegen als im Durchschnitt.

Dauer der Folgen: Vergleichbar zum nicht-körperlichen Bereich haben hier 31 Prozent die Folgen in einem Zeitraum gespürt, der zwischen »einigen Tagen« bis »zwei bis drei Wochen« liegt. Und ähnlich gibt der überwiegende Teil (69 Prozent) einen längeren Zeitraum an, der zwischen »bis zu einem Monat« und »bis zu drei Monate und länger« liegt. Davon entfallen auch hier allein 49 Prozent auf diejenigen, die angeben, die Folgen »bis zu drei Monate und länger« gespürt zu haben.

4.2 AUSWIRKUNGEN AUF DAS SELBST

Das Selbstbild bezeichnet »die Kognitionen und Gefühle, die man sich selbst gegenüber hat. Das Selbstbild entsteht sowohl durch die Selbstbeobachtung der eigenen Erlebnisse und des eigenen Handelns als auch durch die versch. Formen der Beurteilung durch andere (Lob, Tadel, Lohn und Strafe)« (Bergius 2017, o. S.). Dazu gehört u. a. die Fähigkeit, sich selbst mit den verschiedenen Stärken und Schwächen einschätzen und akzeptieren zu können, aber auch das persönliche Wohlfühlen bzw. Wellbeing.

>>> WERKZEUG
Im Fragebogen von Speak! haben wir das Selbstbild über die Items »Eigentlich bin ich mit mir ganz zufrieden«, »Manchmal glaube ich, dass ich zu überhaupt nichts gut bin« (invertiert), »Ich meine, dass ich eine Reihe von guten Eigenschaften habe« und »Ich finde mich ganz in Ordnung« auf einer 4-stufigen Skala (von »1 = stimmt nicht« bis »4 = stimmt genau«) bewerten lassen. Die Antworten wurden aufsummiert und durch die Anzahl der abgegebenen Antworten geteilt, sodass ein Gesamtwert für das Selbstbild (Mittelwert) entstanden ist, der innerhalb der Spanne der originalen Antwortvorgaben interpretierbar ist. Je höher der Mittelwert, desto positiver ist das Selbstbild.

Da wir davon ausgehen, dass das Selbstbild umso negativer ausfällt, umso schwerer und häufiger die Erfahrungen der Jugendlichen mit sexueller Gewalt sind, haben wir im Folgenden wieder Betroffenengruppen nach der Schwere der Erfahrungen unterschieden. Um die Darstellung zu vereinfachen, haben wir nur fünf Gruppen unterschieden (s. Abb. 22). Auf der Basis des Vergleichs dieser Gruppen schauen wir uns nachfolgend an, ob die Erfahrungen sexueller Gewalt mit dem Selbstbild zusammenhängen. An dieser Stelle soll noch einmal betont werden: Die Fragen zum Selbstbild wurden nicht unmittelbar im Zusammenhang mit den Fragen zu den sexuellen Gewalterfahrungen gestellt, sondern sie waren ihnen in einem allgemeinen Frageteil im Fragebogen vorangestellt. Deshalb haben auch Befragte die Fragen zum Selbstbild beantwortet, die über keine sexuellen Gewalterfahrungen berichten.

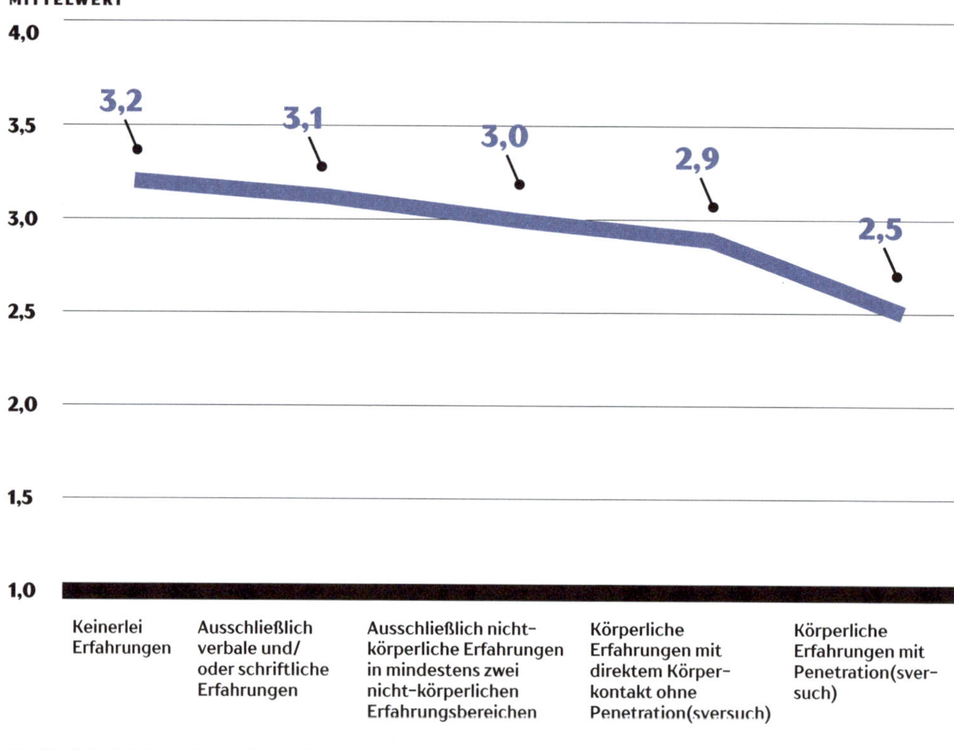

Abb. 22: Selbstbild der Jugendlichen je Erfahrungsgruppe (Mittelwerte) | Speak! n=2.651, gewichtete Daten; Testung der Gruppenunterschiede je Erfahrungsgruppe basierend auf einfaktorieller Varianzanalyse

Variation des Selbstbildes nach Erfahrungsgruppe: Der Befund ist eindeutig: Das Selbstbild variiert hoch signifikant damit, ob sexuelle Gewalt erfahren wurde oder nicht (Abb. 22). Bei Jugendlichen, die ausschließlich über verbale und/ oder schriftliche Erfahrungsformen sexueller Gewalt berichten, sinkt der Mittelwert von 3,2 (Referenzwert: keine Erfahrungen sexueller Gewalt) auf 3,1. Der Mittelwert zum Selbstbild Jugendlicher, die über sexuelle Gewalterfahrungen in mindestens zwei nicht-körperlichen Erfahrungsbereichen berichten, sinkt weiter auf 3,0 und dann auf 2,9 bei denen, die über körperliche Erfahrungen mit direktem Körperkontakt (jedoch ohne Penetration[sversuch]) berichten. Diejenigen, die körperliche sexuelle Gewalterfahrungen mit Penetration(sversuch) gemacht haben, haben den geringsten Mittelwert in Bezug auf das Selbstbild. Vergleichen wir diese Gruppe mit denen, die keine Erfahrungen mit sexueller Gewalt gemacht haben, fällt ein gravierender (hoch signifikanter) Unterschied von 0,7 Skalenpunkten ins Auge.

ZUSAMMENFASSUNG

Jugendliche, die sexuelle Gewalt erlebt haben, haben ein hoch signifikant negativeres Selbstbild als Jugendliche, die das nicht erlebt haben. Die negativen Auswirkungen sind besonders stark bei körperlichen sexuellen Gewalterfahrungen mit Penetration(sversuch).

Weitere Unterscheidungsmerkmale: Die Überprüfung der eigenständigen Effekte sexueller Gewalterfahrungen, wie wir sie für alle Befunde durchführen, zeigt, dass der negative Zusammenhang zwischen sexuellen Gewalterfahrungen und dem Selbstbild erhalten bleibt, auch wenn wir die strukturelle unterschiedliche Zusammensetzung der verschiedenen Betroffenengruppen nach Geschlecht, Alter etc. kontrollieren.

4.3 FREIWILLIGE SEXUELLE ERFAHRUNGEN UND ERFAHRUNGEN MIT SEXUELLER GEWALT

In verschiedenen Studien, u. a. in der Studie Jugendsexualität der Bundeszentrale für gesundheitliche Aufklärung (BZgA 2015), wird deutlich, dass sexuelle Gewalterfahrungen wahrscheinlicher werden, wenn die Befragten zu den sexuell Aktiven zählen. Das Risiko sexueller Übergriffe, so die BZgA (2015, S. 196), »steigt für Mädchen/Frauen offenbar, wenn sie selbst bereits sexuell aktiv sind«. Vergleichbar dazu hat auch Krahé in verschiedenen repräsentativen Studien herausgefunden, dass es deutliche Zusammenhänge zwischen sexueller Aktivität und der »Wahrscheinlichkeit von Opfererfahrungen« (2009, S. 178) gibt. Dieser Befund wird als erwartungsgemäß bezeichnet, da sich mit einer erhöhten Anzahl an Sexualkontakten auch die Wahrscheinlichkeit erhöht, »auf ein sexuell aggressives Gegenüber« (Krahé 2009, S. 178) zu treffen. Wir werden uns im Folgenden anschauen, inwieweit auch in unserer Studie die Erfahrungen mit sexueller Gewalt mit den freiwilligen sexuellen Erfahrungen (sexuell Aktive) korrespondieren.

>>> WERKZEUG
Mit Blick auf die freiwilligen sexuellen Erfahrungen wurden die Jugendlichen gefragt, welche der drei Formen – Küssen, Petting und Geschlechtsverkehr – sie bereits erlebt haben. Aus den Angaben wurde ein Zählindex gebildet, der den Wert 0 trägt, wenn ein/e Jugendliche/r angibt, noch keine der drei Formen erlebt zu haben, und den Wert 3, wenn alle drei Formen bereits erlebt wurden.

Auch hier unterscheiden wir wieder wie im vorangegangenen Abschnitt die fünf Betroffenengruppen, die sich auf die unterschiedliche Schwere sexueller Gewalterfahrungen beziehen.

Sexuelle Erfahrungsformen: Abbildung 23 zeigt, dass Jugendliche, die keine Erfahrung mit sexueller Gewalt als Betroffene gemacht haben, im Durchschnitt 0,9 Indexpunkte erreichen; sie haben also im Durchschnitt 0,9 Formen freiwilliger sexueller Erfahrungen (von maximal drei) bisher erlebt. Mit den verschiedenen Betroffenengruppen steigen die durchschnittlichen freiwilligen sexuellen Erfahrungen. Während die Jugendlichen, die ausschließlich über verbale und/oder schriftliche sexuelle Gewalterfahrungen berichten, im Durchschnitt 1,2 Indexpunkte erreichen, steigt dieser Wert bis zu den Jugendlichen, die über körperliche sexuelle Gewalterfahrungen mit Penetration(sversuch) berichten, bis auf einen Wert von 2,2 an. Das heißt, diese Gruppe hat bereits im Durchschnitt mindestens zwei der von uns abgefragten Formen freiwilliger sexueller Erfahrungen gemacht. Auch unter gleichzeitiger (multivariater) Kontrolle des Geschlechts, des Alters, der sozialen Herkunft und des Migrationshintergrunds bleibt dieser Befund statistisch abgesichert.

Zeitliche Abfolge: Über die zeitliche Abfolge der freiwilligen und der unfreiwilligen sexuellen Erfahrungen können wir nichts sagen. Damit bleibt die Frage offen, ob frühe freiwillige Aktivitäten tatsächlich das Risiko erhöhen, von sexueller Gewalt betroffen zu sein, oder sexuelle Gewalterfahrungen freiwillige sexuelle Aktivitäten wahrscheinlicher machen. Zumindest können wir festhalten, dass sich auch in unserer Studie der Befund aus anderen Forschungen bestätigt, dass zwischen beidem ein enger Zusammenhang besteht.

ZUSAMMENFASSUNG
Sexuell erfahrene Jugendliche haben verstärkt sexuelle Gewalt – vor allem körperliche sexuelle Gewalterfahrungen mit Penetration(sversuch) – erlebt und zählen auch häufiger zu den Aggressor/innen.

Aggressor/innen: Weitere Analysen zeigen (ohne Abb.), dass auch diejenigen, die sexuelle Gewalt ausüben (Aggressor/innen), gleichzeitig über ausgeprägtere freiwillige sexuelle Erfahrungen verfügen als Jugendliche, die keine sexuelle Gewalt ausgeübt haben.

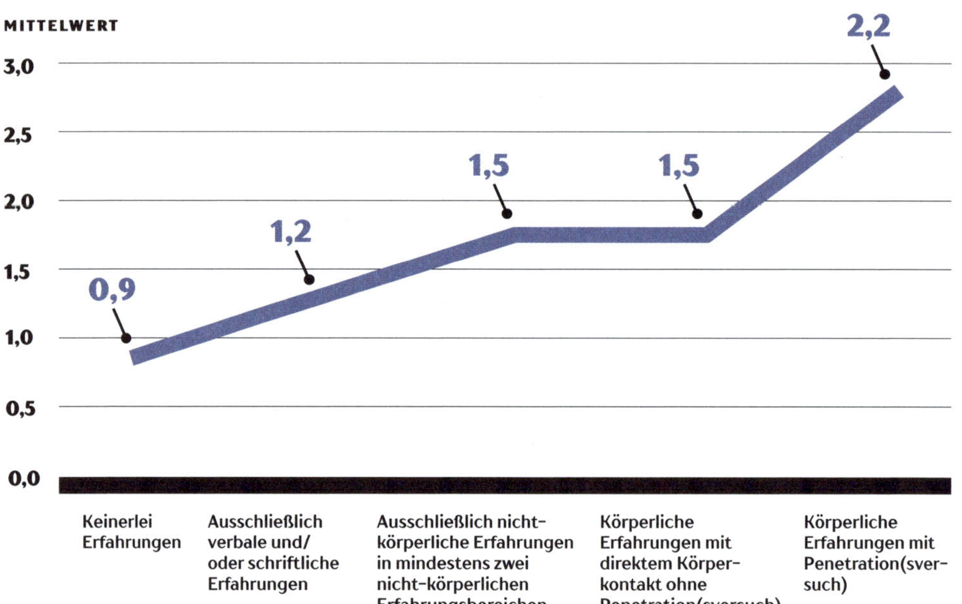

Abb. 23: Anzahl freiwilliger sexueller Erfahrungsformen je Erfahrungsgruppe | Speak! n=2.651, gewichtete Daten; Testung der Gruppenunterschiede je Erfahrungsgruppe basierend auf einfaktorieller Varianzanalyse

4.4 KÖRPERLICHE ENTWICKLUNG

Studien zeigen, dass das Risiko sexueller Gewalterfahrungen mit dem körperlichen Entwicklungstempo zusammenhängt, konkret gesprochen, dass Jugendliche, die sich früher und schneller körperlich entwickeln als andere, ein höheres Risiko aufweisen, von sexueller Gewalt betroffen zu sein (Skoog & Özdemir 2015). Auch in Speak! wurden die Jugendlichen danach gefragt, wie sie ihre körperliche Entwicklung im Vergleich zu anderen Gleichaltrigen in ihrer Schulklasse einschätzen (von »viel früher« bis »später«).

Wir unterscheiden hier wieder die fünf Gruppen nach der Schwere der Erfahrungen (Tab. 10, linke Spalte).

Verschiedene Gruppen bezogen auf sexuelle Gewalt	Viel früher	Früher	Zur gleichen Zeit	Später
Keinerlei Erfahrungen	41 %	43 %	58 %	56 %
Ausschließlich verbale und/oder schriftliche Erfahrungen	14 %	19 %	19 %	19 %
Ausschließlich nicht-körperliche Erfahrungen in mindestens zwei nicht-körperlichen Erfahrungsbereichen	11 %	10 %	7 %	9 %
Körperliche Erfahrungen mit direktem Körperkontakt ohne Penetration(sversuch)	14 %	19 %	10 %	11 %
Körperliche Erfahrungen mit Penetration(sversuch)	22 %	9 %	6 %	6 %

Tab. 10: Risiko sexueller Gewalterfahrungen nach dem Stand der (selbsteingeschätzten) körperlichen Entwicklung (Spaltenprozent) | Speak! $n_{gültig}$=2.294, gewichtete Daten; Testung der Gruppenunterschiede basierend auf zweiseitigem Chi-Quadrat-Test

Körperliche Entwicklung: Tabelle 10 zeigt, dass das Risiko, sowohl nicht-körperliche als auch körperliche sexuelle Gewalt zu erleben, (hoch signifikant) steigt, je »früher« die Jugendlichen im Vergleich zu ihren Gleichaltrigen körperlich entwickelt sind. Die Quote derjenigen, die über keinerlei Erfahrungen als Betroffene mit sexueller Gewalt berichten, liegt bei den Jugendlichen, die früher als andere körperlich entwickelt sind, bei 41 Prozent, während dieser Anteil bei den »Spätentwickler/innen« bei 56 Prozent liegt. Wie Tabelle 10 ausweist, basiert dieser Unterschied vor allem darauf, dass frühentwickelte Jugendliche mit 22 Prozent ein deutlich erhöhtes Risiko aufweisen, schwere Formen körperlicher sexueller Gewalt – versuchter und vollzogener Geschlechtsverkehr – zu erleben.

ZUSAMMENFASSUNG

Mädchen sind grundsätzlich einem hohen Risiko ausgesetzt, sexuelle Gewalt zu erleben. Mädchen, die körperlich früher entwickelt sind als andere, sind einem noch höheren Risiko ausgesetzt, insbesondere von schweren Formen körperlicher sexueller Gewalt betroffen zu sein.

Unterschiede nach Geschlecht: Dies gilt in besonderem Maß für die Mädchen (ohne Abb.). Während das Risiko, zum Geschlechtsverkehr gezwungen zu werden (versuchte und vollzogene Penetration), bei den weiblichen »Frühentwicklerinnen« bei 39 Prozent liegt, liegt das Risiko bei den

»Spätentwicklerinnen« bei 10 Prozent. Die analogen Zahlen für die Jungen betragen 1 bzw. 2 Prozent. Die berichteten Befunde bleiben auch bei multivariater Kontrolle des Alters der Befragten und weiterer Kontrollvariablen konstant.

4.5 DROGEN, ALKOHOL UND RAUCHEN

Wir sind der Frage nachgegangen, ob Jugendliche, die von sexuellen Gewalterfahrungen betroffen sind, häufiger zu denjenigen gehören, die »oft oder sehr oft« rauchen, Alkohol trinken oder Drogen konsumieren.

Verschiedene Gruppen bezogen auf sexuelle Gewalt	Alkohol*** oft/sehr oft	Rauchen*** oft/sehr oft	Drogen nehmen*** oft/sehr oft
Keinerlei Erfahrungen	7 %	4 %	2 %
Ausschließlich verbale und/oder schriftliche Erfahrungen	21 %	8 %	3 %
Ausschließlich nicht-körperliche Erfahrungen in mindestens zwei nicht-körperlichen Erfahrungsbereichen	19 %	11 %	4 %
Körperliche Erfahrungen mit direktem Körperkontakt ohne Penetration(sversuch)	13 %	11 %	3 %
Körperliche Erfahrungen mit Penetration(sversuch)	24 %	19 %	8 %

Tab. 11: Zigaretten-, Alkohol- und Drogenkonsum je Erfahrungsgruppe (Zeilenprozent) | Speak! n=2.651, gewichtete Daten; Testung der Gruppenunterschiede basierend auf zweiseitigem Chi-Quadrat-Test (*** = $p \leq .001$; ** = $p \leq .01$; * = $p \leq .05$)

Der Anteil der Jugendlichen, die oft oder sehr oft Alkohol trinken (Tab. 11), liegt bei denjenigen, die über keinerlei sexuelle Gewalterfahrungen als Betroffene berichten, bei 7 Prozent und steigt bei den Jugendlichen, die über körperliche Erfahrungen mit Penetration(sversuch) berichten, auf 24 Prozent. Ähnlich verhält es sich mit dem Rauchen (oft und sehr oft), das 4 Prozent der Befragten nennen, die keinerlei sexuelle Gewalterfahrungen haben, und 19 Prozent derjenigen, die körperliche Erfahrungen mit Penetration(sversuch) angeben. Drogen nehmen oft/sehr oft 2 Prozent der Jugendlichen, die keine Erfahrungen mit sexueller Gewalt haben. Der Prozentsatz steigt auf 8 Prozent bei den Befragten an, die über körperliche Erfahrungen mit Penetration(sversuch) berichten.

ZUSAMMENFASSUNG
Es gibt einen deutlichen Zusammenhang zwischen sexuellen Gewalterfahrungen und dem erhöhten Konsum von insbesondere Alkohol, aber auch von Nikotin und Drogen.

Für die hier berichteten Befunde gilt, dass sie auch bei multivariater Kontrolle des Alters der Befragten und weiterer Kontrollvariablen konstant bleiben.

4.6 PARTNERSCHAFTSVORSTELLUNGEN

Der Aufbau von Paarbeziehungen oder auch romantischen Beziehungen stellt eine wichtige Entwicklungsaufgabe in der Jugendphase dar. Begleitet wird diese Aufgabe unter anderem vom Aufbau geschlechtlicher Rollenbilder. Dazu gehört, was Jugendliche von einer Partnerschaft erwarten und wie sie Partnerschaft verstehen. Gehört Eifersucht zur Partnerschaft? Darf der Partner/die Partnerin den/die anderen kontrollieren? Ist es o.k., erotische Bilder von sich zu verschicken, wenn der Partner oder die Partnerin das will?

>>> WERKZEUG
Wir haben gefragt: »Stell dir vor, du hättest einen Partner/eine Partnerin. Wie stehst du zu den folgenden Aussagen?« Auf einer vierstufigen Skala konnte zwischen »1 = stimmt nicht« bis »4 = stimmt genau« gewählt werden.

Statements zu Partnerschaftsvorstellungen: Differenziert haben wir nach Geschlecht. Wir zeigen in Abbildung 24 die Mittelwerte an.

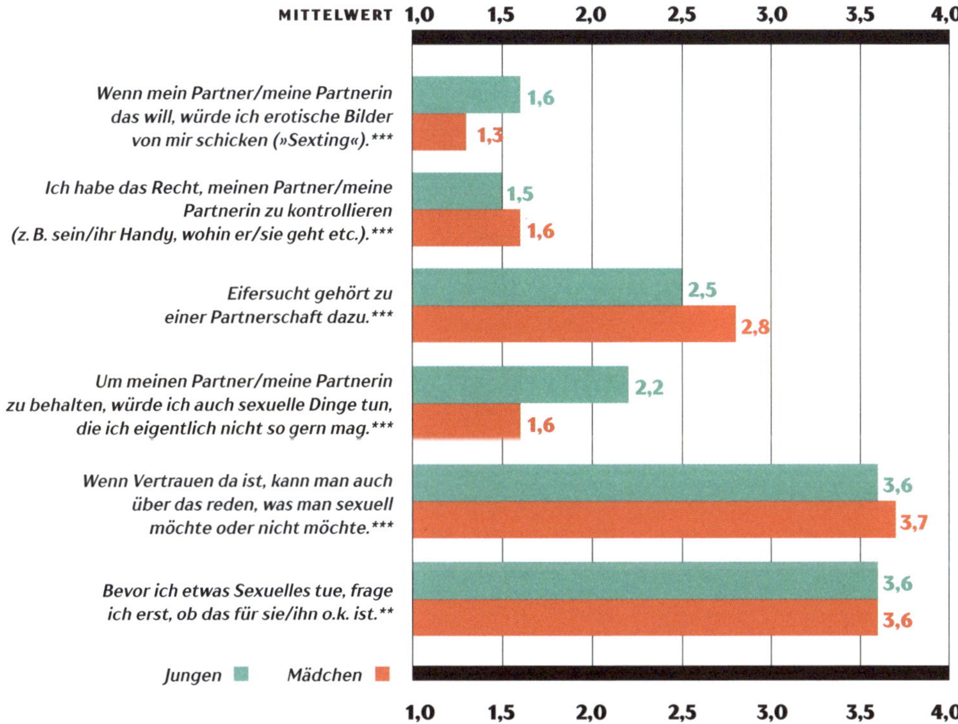

Abb. 24: Partnerschaftsskripte nach Geschlecht | Speak! n=2.651, gewichtete Daten; Testung der Gruppenunterschiede je Erfahrungsgruppe basierend auf einfaktorieller Varianzanalyse (*** = p ≤ .001; ** = p ≤ .01; * = p ≤ .05)

Abbildung 24 zeigt, dass sich die Partnerschaftsvorstellungen von Mädchen und Jungen statistisch hoch signifikant voneinander unterscheiden. Die einzige Ausnahme ist das Statement »Bevor ich etwas Sexuelles tue, frage ich erst, ob das für sie/ihn ok ist«. Dies wird von Mädchen und Jungen mit 3,6 in gleicher Weise hoch bewertet.

Jenseits der statistischen Signifikanz zeigen sich auf den einzelnen Statements unterschiedlich hohe Mittelwertdifferenzen. Bei manchen Statements sind die Differenzen im Betrag relativ gering, das heißt, manche Statements werden von weiblichen und männlichen Jugendlichen ähnlich stark gewichtet. So etwa die Aussage »Wenn Vertrauen da ist, kann man auch über das reden, was man sexuell möchte oder nicht möchte« (3,7 bei den Mädchen und 3,6 bei den Jungen), oder, jedoch auf sehr viel niedrigerem Niveau (1,6 bei den Mädchen, 1,5 bei den Jungen), »Ich habe das Recht, meinen Partner/meine Partnerin zu kontrollieren«.

Besonders große Mittelwertunterschiede finden sich vor allem hinsichtlich des Statements »Um meinen Partner/meine Partnerin zu behalten, würde ich auch sexuelle Dinge tun, die ich eigentlich nicht so gern mag«. Männliche Jugendliche bejahen dies mit durchschnittlich 2,2 deutlich stärker als weibliche mit 1,6. Männliche Befragte geben auch etwas höhere Werte (mit 1,6) als Mädchen (mit 1,3) zur Aussage »ich würde erotische Bilder von mir schicken (›Sexting‹)« an. Dies lässt sich dahingehend interpretieren, dass männliche Jugendliche eine größere Offenheit und Experimentierfreude mit Blick auf sexuelle Dinge in der Partnerschaft zeigen. Was für Jungen Offenheit oder Experimentierfreude bedeutet, wird von Mädchen dagegen weit weniger favorisiert, da dies für sie, so eine mögliche Lesart, stärker risikobehaftet ist oder auch sexuellen Erwartungsdruck beinhaltet.

Mädchen bewerten hingegen die Aussage »Eifersucht gehört zu einer Partnerschaft dazu« mit 2,8 höher als Jungen (mit 2,5).

Partnerschaftsvorstellungen und Aggressor/innen: Abbildung 25 differenziert zwischen den Partnerschaftsvorstellungen von Jugendlichen, die sexuelle Gewalthandlungen verbal/schriftlich, direkt oder indirekt körperlich ausgeübt haben, und Jugendlichen, die dies nicht getan haben.

Ähnlich Abbildung 24 gibt es auch in Abbildung 25 dieselben zwei Aussagen, die von allen Befragtengruppen weitgehend geteilt werden (»wenn Vertrauen da ist« und »frage ich erst«). Differenzierungen zeigen sich wiederum vor allem bei den Statements, bei denen sich auch Jungen und Mädchen am deutlichsten unterschieden. Die Aussage »würde ich auch sexuelle Dinge tun« ist vor allem bei der Gruppe von Täter/innen ausgeprägt – mit einem Mittelwert von 2,3 –, die körperliche Gewalt ausgeübt haben. Der Mittelwert liegt bei den Täter/innen, die ausschließlich verbale und/oder schriftliche Gewalt ausgeübt haben, bei 2,0, bei den Jugendlichen, die selbst keine sexuelle Gewalt ausüben, bei 1,8. Eine weitere Differenzierung findet sich in Bezug auf die Aussage zum »Sexting«. Auch hier geben die beiden Aggressor/innen-Gruppen die höchsten Werte an, wobei der höchste Mittelwert mit 1,8 sich bei denen zeigt, die direkte und indirekte körperliche Gewaltformen verübt haben. (In ähnlicher Richtung zeigt dies sich auch bezogen auf die Statements »Eifersucht gehört dazu« und »Ich habe das Recht, meinen Partner/meine Partnerin zu kontrollieren«.) Dies verstärkt die These, dass in diesen Aussagen Einstellungen zum Ausdruck kommen, die den Hintergrund bilden können für körperliches sexuelles Gewalthandeln. Hierzu bedarf es jedoch differenzierter Anschlussuntersuchungen. Zudem muss beachtet werden, dass wir mit Blick auf die jugendlichen Aggressor/innen schwerere Gewaltformen (versuchte/vollzogene Penetration) nicht abgefragt haben.

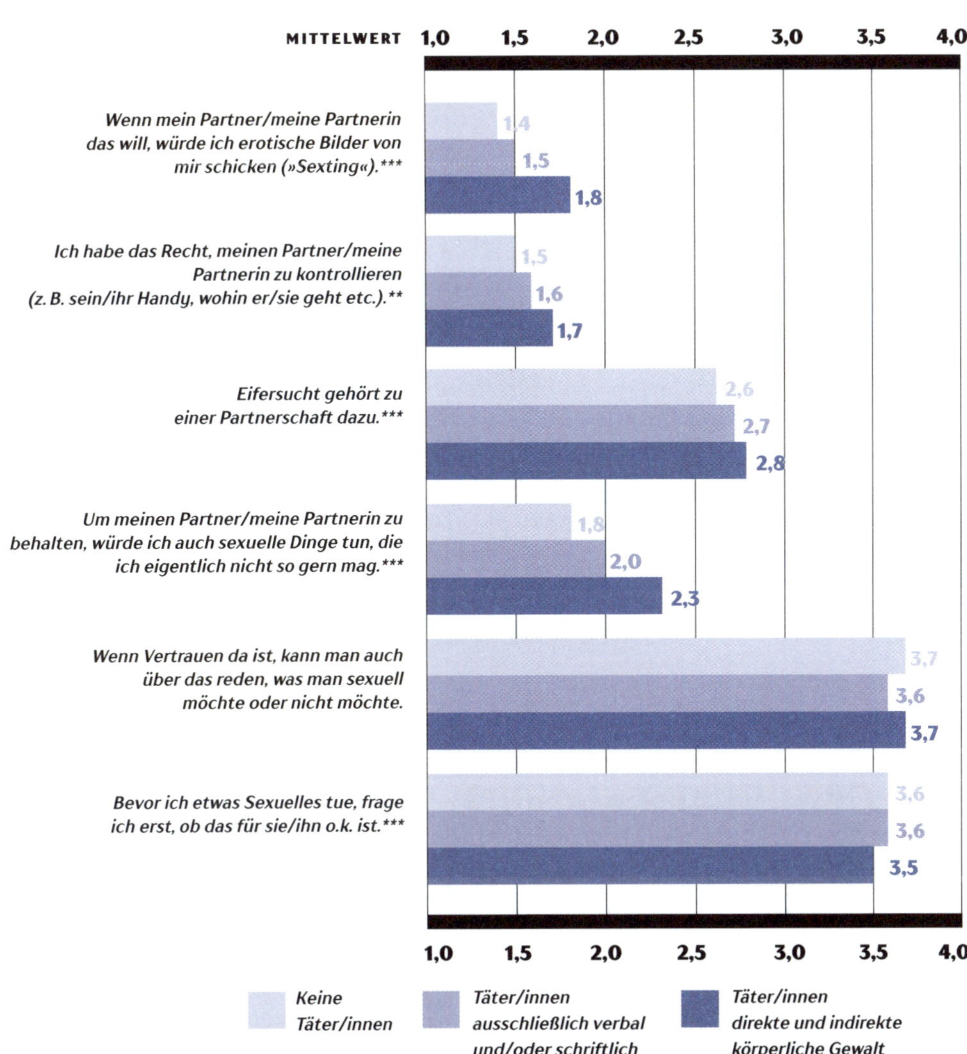

Abb. 25: Partnerschaftsskripte nach Gruppen von Jugendlichen, die selbst sexuelle Gewalt ausgeübt haben | Speak! $n_{gültig}$>2.526, gewichtete Daten; Testung der Gruppenunterschiede je Erfahrungsgruppe basierend auf einfaktorieller Varianzanalyse (*** = $p \leq .001$; ** = $p \leq .01$; * = $p \leq .05$)

4.7 GIBT ES UNTERSCHIEDE ZWISCHEN STADT UND LAND?

Unterschiede zwischen Stadt und Land haben oft mit unterschiedlichen Lebens- und Sozialisationsbedingungen, insbesondere für Heranwachsende, zu tun. Ob jemand in der Stadt oder auf dem Land aufwächst, könnte u. a. Einfluss auf das Risiko haben, sexuelle Gewalterfahrungen zu machen. Wir haben deshalb die Jugendlichen in Speak! gefragt, wo sie leben. Vorgegeben waren »in einem Dorf (auf dem Land)«, »in einer kleinen Stadt«, »in einer mittelgroßen Stadt« und »in einer großen Stadt«.

ZUSAMMENFASSUNG
Für Jungen ist es etwas riskanter in der Stadt zu leben als auf dem Land. Dies gilt vor allem für verbale und/oder schriftliche Formen sexueller Gewalt, die Jungen in der Stadt häufiger erleben als Jungen auf dem Land.

Mit Blick auf die Prävalenzraten (ohne Abb.) zeigt sich ein signifikanter Zusammenhang. Jugendliche in der Stadt weisen ein etwas höheres Risiko auf, sexuelle Gewalt zu erleben als Jugendliche, die angeben, in einem Dorf zu leben. Dies gilt aber nur für Jungen. Leben sie »auf dem Land«, so geben sie zu 37 Prozent an, bereits sexuelle Gewalt erlebt zu haben, leben sie »in einer großen Stadt«, steigt dieser Anteil auf 50 Prozent an. In Bezug auf diese Ergebnisse können wir also festhalten, dass es für Jungen mit Blick auf sexuelle Gewalt offensichtlich etwas riskanter ist in der Stadt zu leben als auf dem Land. Dies gilt vor allem für verbale und/oder schriftliche Formen sexueller Gewalt, die Jungen in der Stadt häufiger erleben als Jungen auf dem Land. Bei den Mädchen finden wir solche Stadt-Land-Unterschiede nicht.

4.8 PORNOGRAFIEKONSUM

In Kapitel 7 werden wir u. a. diskutieren, dass der Übergang von der Kindheit in die Jugend sowie die Jugendphase selbst von verschiedenen Herausforderungen, Unsicherheiten und Ängsten geprägt ist. Jungen und Mädchen wollen sich ihres Körper-Selbstbildes vergewissern, machen sich Sorgen mit Blick auf die eigene Attraktivität oder auch »im Hinblick auf die vermeintliche und/oder ›richtige‹ eigene Sexualität, den ›richtigen‹ Umgang der Geschlechter« (Klein 2015, S. 23). Pornografie bietet auf eine Reihe solcher Fragen vermeintlich Antworten, kann Unsicherheiten aber auch zusätzlich verstärken und mit Irritationen und Sorgen auf Seiten der Nutzer/innen einhergehen (Klein 2015). Zudem muss berücksichtigt werden, dass pornografische Darstellungen »Verhaltensweisen von Rezipient_innen auch unbewusst beeinflussen können« (Vogelsang 2017, S. 109). Pornografie birgt also ein gewisses Risiko; vor allem dann, wenn der Konsum nicht mit der Fähigkeit einhergeht, das Gesehene kritisch reflektieren zu können.

Wir haben uns den Umgang der Jugendlichen mit Pornografie im Folgenden etwas näher angesehen.

>>> WERKZEUG
Die Jugendlichen haben wir eingangs gefragt: »Im Internet gibt es eine Vielzahl an Seiten mit pornografischen Inhalten. Hast du dir solche Seiten schon mal angeschaut?« Geantwortet werden konnte mit »1 = nein«, »2 = ja, ich habe das 1- oder 2-mal gemacht« und »3 = ja, ich mache das öfter«.

Nutzungsverhalten: 40 Prozent aller Befragten geben an, dass sie sich Seiten mit Pornografie bislang noch nicht angeschaut haben, ein Drittel (33 Prozent) hat das schon 1- oder 2-mal gemacht und eine gutes Viertel der Befragten (27 Prozent) gibt an, dass sie »öfter« Pornos schauen.

Nutzungsverhalten nach Geschlecht: Dabei unterscheiden sich Mädchen und Jungen deutlich (hoch signifikant) voneinander (Abb. 26). Von den Jungen geben nur 18 Prozent an, noch nie einen Porno gesehen zu haben. Bei den Mädchen beträgt dieser Anteil 60 Prozent, liegt also etwa viermal so hoch. 1- oder 2-mal Pornos angeschaut zu haben, trifft auf Mädchen und Jungen in etwa gleichen Teilen (32 Prozent bzw. 34 Prozent) zu. »Öfter« Pornos zu schauen, ist eine klare Domäne der Jungen. 48 Prozent der Jungen geben eine solche Antwort zu Protokoll und nur 8 Prozent der Mädchen.

Im nächsten Schritt beziehen wir diejenigen, die angegeben haben, dass sie bislang »1- oder 2-mal« Pornos gesehen haben, nicht mit ein, da wir in diesen Fällen vermuten, dass die Jugendlichen (einmalig) ihrer Neugierde gefolgt sind. Im weiteren Verlauf fokussieren wir unsere Analysen auf die Gruppe derer, die angeben »Ja, ich mache das öfter« (Abb. 26). Wir nennen sie »User«. Diese Gruppe wurde gefragt, »wie oft« sie das tun. Die Antwortvorgaben reichten von 1- bis 2-mal im Monat, 1- bis 3-mal in der Woche bis (fast) täglich.

16 Prozent der User schauen Pornos nach eigenen Angaben ca. 1- bis 2-mal im Monat, fast die Hälfte (49 Prozent) 1- bis 3-mal in der Woche und gut ein Drittel (35 Prozent) 4- bis 5-mal in der Woche bzw. (fast) täglich.

ZUSAMMENFASSUNG
Zusammenfassend lässt sich festhalten, dass der Konsum von Pornografie bei Jungen deutlich stärker verbreitet ist als bei Mädchen. Nicht nur ist der Anteil der Jungen, der überhaupt Pornos schaut, um ein Vielfaches höher als der entsprechende Anteil bei den Mädchen. Hinzukommt, dass der Anteil der »Heavy User«, also derjenigen, die Pornos mehr als viermal die Woche schauen, bei den Jungen um das Dreifache höher ist als der entsprechende Anteil bei den Mädchen.

Die Mädchen, die regelmäßig schauen (das sind wie gezeigt nur 8 Prozent der Gesamtstichprobe), geben zu 40 Prozent an, 1- bis 2-mal im Monat Pornos zu schauen; bei den männlichen Usern liegt der Anteil nur bei 12 Prozent. 1- bis 3-mal in der Woche zu schauen geben 46 Prozent der weiblichen und 49 Prozent der männlichen User an. Bei der Gruppe der User, die sehr häufig Pornos schaut, wir können sie »Heavy User« nennen, liegen die Jungen eindeutig vorne.

PORNOGRAFIEKONSUM – NACH GESCHLECHT

MÄDCHEN IN %

60
Nein

32
Ja, ich habe das 1- oder 2-mal gemacht

8
Ja, ich mache das öfter:

1- bis 2-mal im Monat	40
1- bis 3-mal in der Woche	46
4- bis 5-mal in der Woche, fast täglich	14

JUNGEN IN %

34

Ja, ich habe das 1- oder 2-mal gemacht

18

Nein

48

Ja, ich mache das öfter:

1- bis 2-mal im Monat	12
1- bis 3-mal in der Woche	49
4- bis 5-mal in der Woche, fast täglich	39

39 Prozent der männlichen User geben an, dass sie 4- bis 5-mal die Woche bzw. (fast) täglich Pornos schauen. Bei den Mädchen liegt dieser Anteil bei nur 14 Prozent.

Alter: Auch mit Blick auf das Alter ergeben sich klare Tendenzen (ohne Abb.). Der Anteil Jugendlicher, die keine Pornos konsumieren, sinkt mit steigendem Alter. Gleichzeitig steigt mit dem Alter der Anteil derjenigen, die öfter Pornos schauen (von 22 Prozent bei den 14-Jährigen auf 34 Prozent bei den 16-Jährigen). Die Altersunterschiede fallen hoch signifikant aus.

Weitere Unterscheidungsmerkmale: Signifikante Unterschiede mit Blick auf den besuchten Bildungsgang gibt es nicht. Mit Blick auf den Migrationshintergrund fallen die Unterschiede ebenfalls kaum ins Gewicht, lediglich die Jugendlichen der ersten Generation geben etwas häufiger an, nie Pornos zu schauen.

User-Einstellungen zu Pornografiekonsum und Sexualität: Denjenigen, die regelmäßig Pornos schauen, den Usern, wurden weitere Fragen zu Pornografie und Sexualität vorgelegt.

>>> WERKZEUG
Die in Abbildung 27 vorgestellten acht Fragen konnten anhand einer 4-stufigen Ratingskala beantwortet werden (»1 = stimmt nicht«, »2 = stimmt eher nicht«, »3 = stimmt eher«, »4 = stimmt genau«). Zusammengefasst wurde im Folgenden »stimmt eher« und »stimmt genau«.

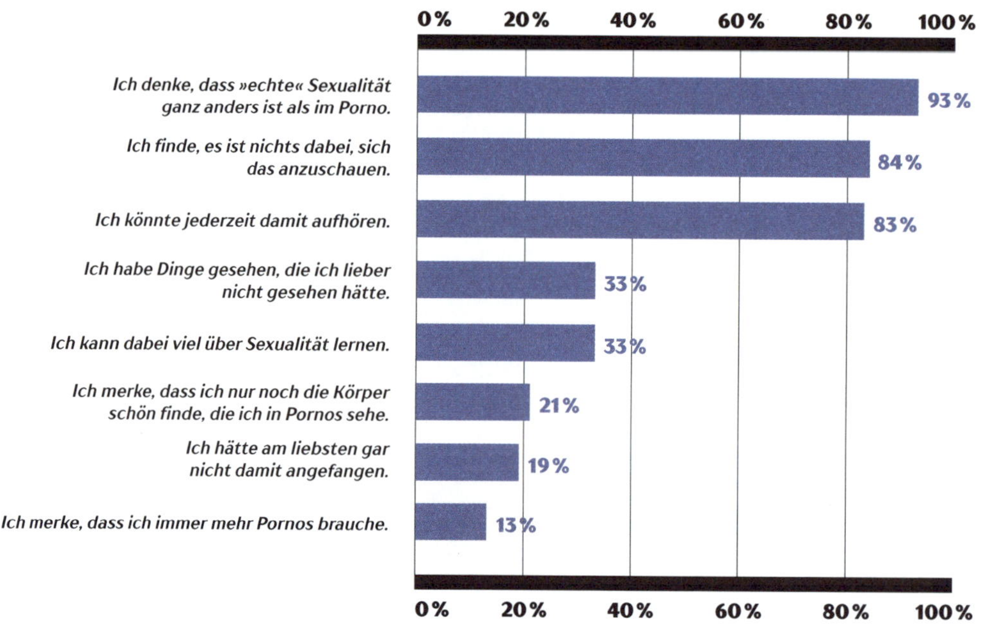

Abb. 27: Einstellungen zum Konsum von Pornografie und Sexualität (nur User/innen) | Speak! $n_{gültig}$>666, gewichtete Daten

Fassen wir die Kategorien »stimmt eher« und »stimmt genau« zusammen, können wir in Abbildung 27 ablesen, dass die meisten der befragten User (93 Prozent) davon ausgehen, dass »›echte‹ Sexualität ganz anders ist als im Porno« und dass der weit überwiegende Teil der Befragten (84 Prozent) »nichts dabei« findet, sich Pornos anzuschauen. 83 Prozent geben an, dass sie »jederzeit damit aufhören« könnten. Die Mehrheit der User von Pornografie scheint es, zumindest auf den ersten Blick, zu verstehen, mit (durch Medien vermittelten) pornografischen Inhalten umzugehen. Allerdings gibt auch ein Drittel der befragten User (33 Prozent) an, Dinge gesehen zu haben, die sie »lieber nicht gesehen« hätten. Und 21 Prozent stellen fest, dass sie »nur noch die Körper schön« finden, die sie in Pornos sehen (das ist jede/r vierte Konsument/in). Ebenso geben 18 Prozent an, dass sie »am liebsten gar nicht damit angefangen« hätten. 13 Prozent stellen sogar fest, dass sie »immer mehr Pornos« brauchen. Etwas widersprüchlich scheint zudem der Befund, dass zwar 93 Prozent davon ausgehen, dass »echte« Sexualität anders ist, als sie im Porno dargestellt wird, zugleich aber ein Drittel der Befragten (33 Prozent) angibt, dass man »dabei viel über Sexualität lernen« kann.

Differenzierung nach Geschlecht: Hierbei (ohne Abb.) ergeben sich zu den ersten drei Statements »Ich denke, dass ›echte‹ Sexualität ganz anders ist als im Porno«, »Ich finde, es ist nichts dabei, sich das anzuschauen« und »Ich könnte jederzeit damit aufhören« vergleichbar hohe Anteile der Zustimmung bei männlichen und weiblichen Nutzer/innen. In gewisser Weise beschreiben diese Werte weibliche als auch männliche Nutzer/innen als recht bewusste Konsument/innen. Signifikante Unterschiede zwischen Mädchen und Jungen gibt es hingegen bei der Frage, ob man im Porno »Dinge gesehen« hat, die man »lieber nicht gesehen hätte«: Bei den Mädchen liegt der Anteil, der dies bejaht, mit 44 Prozent signifikant höher als bei den Jungen mit 31 Prozent. Auch hätten mehr Mädchen (27 Prozent) am liebsten gar nicht damit angefangen (Jungen: 16 Prozent). Eine mögliche Lesart dieser Befunde spricht zum einen für eine insgesamt ambivalente Haltung dem eigenen Pornokonsum gegenüber, die bei den Mädchen stärker ausgeprägt ist als bei den Jungen. Zum anderen kommt darin möglicher Weise auch eine stärker (selbst)kritische Haltung der Mädchen zum Ausdruck.

Statements zu Sexualität und Pornografie nach Nutzungshäufigkeit: Abbildung 28 zeigt, wie die Einstellungen zu Sexualität und Pornografie in Abhängigkeit der Nutzungshäufigkeit ausfallen (Mittelwerte). Die Gewissheit, man könnte »jederzeit damit aufhören«, sinkt mit der Häufigkeit des Schauens (erste Linie von oben), der Gewöhnungseffekt hingegen steigt: »Ich merke, dass ich immer mehr Pornos brauche« (erste Linie von unten).

Zudem scheint der Pornografiekonsum die Vorstellungen der Nutzer/innen über die »reale (sexuelle) Welt« zu prägen. Dies zeigt sich u. a. darin, dass mit der Häufigkeit des Pornografiekonsums die Anteile derer steigen, die angeben – das zeigt die zweite Linie von oben –, dass sie in Pornos »viel über Sexualität lernen« können. Die zweite Linie von unten zeigt zudem an, dass die Befragten analog zur Häufigkeit der Nutzung verstärkt »nur noch die Körper schön finden«, die sie in Pornos sehen.

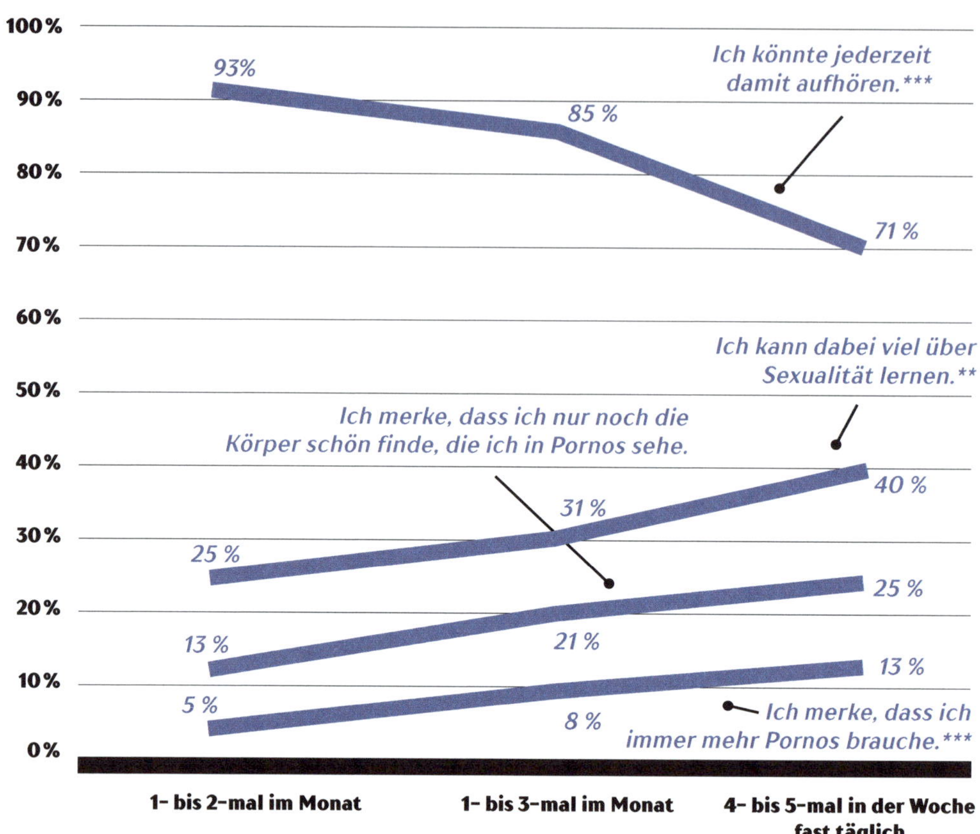

Abb. 28: Statements zu Sexualität und Pornografie (nur User) – nach Nutzungshäufigkeit | Speak! $n_{gültig}$>662, gewichtete Daten, zusammengefasst wurden „stimmt eher" und „stimmt genau"; Testung der Gruppenunterschiede je Nutzergruppe basierend auf einfaktorieller Varianzanalyse (*** = p ≤ .001; ** = p ≤ .01; * = p ≤ .05)

Wir konnten zeigen, dass mit der Nutzungshäufigkeit auch die Gewissheit sinkt, die User könnten »jederzeit damit aufhören«, was in gewisser Weise für einen »Gewöhnungseffekt« spricht. Zur Erklärung kann die Habituierungstheorie angeführt werden. Dieser Theorie liegt die Hypothese zugrunde, dass sich mit »zunehmender Nutzung von Pornografie ein Gewöhnungseffekt in Bezug auf die sexuelle Erregung einstellt« (Vogelsang 2017, S. 92). Das Aufhören fällt zunehmend schwer. In einer vergleichbaren Weise nimmt die Kultivierungstheorie weniger die unmittelbare Verhaltensänderung als vielmehr eine langfristige Veränderung von Einstellungen in den Blick: »Die Kultivierungstheorie postuliert, dass die in Pornografie gezeigte ›Realität‹ die Vorstellungen der Nutzer_innen über die ›reale Welt‹ prägt« (Vogelsang 2017, S. 92). Im Mittelpunkt stehen das Frauenbild, damit verbundene sexistische Einstellungen und Bilder von Sexualität und Partnerschaft (Vogelsang 2017). Ein Ergebnis der Studie Speak! ist, dass mit der Häufigkeit des Pornografiekonsums die Anteile derer steigen, die angeben, dass sie nur noch die Köper schön finden, die sie in Pornos sehen. In gewisser Weise prägen also die Bilder der Pornoindustrie die realen Körperbilder, insbesondere der männlichen User, entsprechend zur Nutzungshäufigkeit. Das heißt, dass die in Pornografie gezeigte »Realität« die Vorstellungen der Nutzer/innen über die »reale Welt« (mit)prägt. Zu berücksichtigen ist jedoch, dass Jugendliche nicht allein als auf äußere Reize reagierende oder als passive Objekte, die den Medien ausgeliefert sind, angesehen

ZUSAMMENFASSUNG
Der dauerhafte Konsum von Pornografie hat einen »Gewöhnungseffekt« – das »Aufhören« fällt schwer. Mit der Nutzungshäufigkeit stellt sich zudem eine bagatellisierende Haltung (da ist »nichts dabei«) ein sowie eine Legitimierung hohen Konsums und eine Veränderung von Körperbildern (»nur noch schön« sind die im Porno dargestellten Körper).

werden können (Vogelsang 2017). Sichtbar wird ein Spannungsverhältnis, das einerseits Aspekte der Verletzlichkeit und Manipulierbarkeit beschreibt, andererseits aber auch selbstgestalterische und selbstbestimmende Ressourcen Jugendlicher. Innerhalb eines solchen Spannungsverhältnisses sind präventive Maßnahmen zu verorten.

Mit wem werden Pornos geschaut?

In der Literatur wird u.a. konstatiert, so bspw. von Sielert (2015, S. 124), dass »die meisten 16-Jährigen [...] keine Dauerkonsumenten von Pornografie« sind, sondern »in der Regel« Pornografie als »›Initiationsritus‹ vor allem in männlichen Cliquen rezipiert wird«. Wir konnten zeigen, dass annähernd die Hälfte der 14- bis 16-jährigen männlichen Jugendlichen regelmäßig Pornografie konsumiert. Außerdem, dass dabei der größte Teil zu den gewohnheitsmäßigen Usern zählt, die wöchentlich bis täglich konsumieren. Das ist nicht die Mehrheit, aber doch ein hoher Prozentsatz. Um den angeführten »Initiationsritus« belegen zu können, müsste sich zeigen, dass Jugendliche vor allem in Gruppen (mit anderen Jugendlichen) Pornos schauen. Ist das der Fall? Wir haben gefragt: »Schaust du dabei meistens allein oder mit anderen Personen?« Angegeben werden konnte »allein«, »mit Jugendlichen«, »mit Erwachsenen« und »mit Jugendlichen und Erwachsenen«. In 99 Prozent der Fälle, so das Ergebnis in Speak! (ohne Abb.), wird Pornografie allein konsumieren. Die These, dass es sich beim Pornografiekonsum um ein initiationsrelevantes Gruppenevent handelt, ist damit hinfällig.

ZUSAMMENFASSUNG
Die meisten User konsumieren Pornografie allein. Und: Der größte Teil der männlichen User konsumiert wöchentlich bis täglich Pornografie.

Pornografiekonsum und die Ausübung sexueller Gewalt

Diejenigen Befragten, die als jugendliche Aggressor/innen in Erscheinung treten, geben mit 47 Prozent (Mädchen 15 Prozent, Jungen 66 Prozent) hoch signifikant häufiger als andere Jugendliche (mit 20 Prozent; Mädchen 6 Prozent, Jungen 38 Prozent) an, dass sie öfter Pornos schauen. Dabei stechen die jugendlichen Aggressor/innen nicht durch ein besonders intensives Nutzungsverhalten hervor. Vielmehr unterscheiden sie sich von anderen Jugendlichen nur darin, ob überhaupt (häufiger) Pornos geschaut werden. Zu betonen ist, dass damit nicht ausgesagt wird – im Sinne eines Ursache-Wirkung-Prinzips –, dass der Konsum von Pornografie zu sexuellen Gewalthandlungen verleitet. Denkbar ist bspw. auch, dass Jugendliche, die sexuelle Gewalt ausüben, eine stärkere Affinität zur Pornografie haben.

ZUSAMMENFASSUNG
Jugendliche, die sich öfter Pornos anschauen, gehören signifikant häufiger als andere Jugendliche zu denen, die selbst sexuelle Gewalt ausüben.

Ratschläge der jugendlichen Nutzer/innen

Wir haben diejenigen Jugendliche, die zu den Nutzer/innen von Pornografie gehören, gefragt: »Was würdest du einem Freund/einer Freundin raten, der/die vorhat, sich Pornos anzuschauen?« Die Jugendlichen konnten dazu mit eigenen Worten ihre Empfehlungen formulieren. Ein großer Teil (n=679) hat von dieser Möglichkeit Gebrauch gemacht. Nachfolgend werden die fünf von den meisten Jugendlichen genannten Antwort-Kategorien genannt.

Rang	**Kategorie**	**Prozent der Fälle**
1	»Tu, was du für richtig hältst« (mit Konsequenzen)	22
2	»Mach es«	16
3	»Davon abraten«	11
4	»Sorgfältig aussuchen«	10
5	»Empfehlungen zur Häufigkeit«	8

Tab. 12: Die fünf von den meisten Jugendlichen genannten Ratschläge für andere zum Pornografiekonsum | Speak! $n_{gültig}$=629, gewichtete Daten, Mehrfachantworten möglich

»Tu, was du für richtig hältst« ist mit 22 Prozent die Antwort, die von den meisten Befragten gegeben wird. In dieser Empfehlung enthalten ist zum einen die Betonung der eigenen Entscheidung (z. B. »Ich würde ihm sagen, dass es ihm überlassen ist«) und zum anderen das Tragen der Konsequenzen, die mit dem Pornografiekonsum einhergehen können (z. B. »Es ist seine Entscheidung, aber er sollte aufpassen. Es kann einen wie ein Fluch begleiten«). »Mach es«, die Kategorie, die von 16 Prozent der Nutzer/innen genannt wird, vermittelt, dass es ok ist, Pornos anzuschauen (z. B. »Mach es, da ist nichts dabei«). 11 Prozent der Befragten raten von Pornos ab (z. B. »Es sein zu lassen!!!«; »Fang gar nicht erst an«). »Sorgfältig aussuchen« als Ratschlag (10 Prozent) fasst verschiedene Kriterien für die Auswahl zusammen (z. B. »Fang mit normalen Sachen an und nicht gleich was Exotisches«). Die »Empfehlungen zur Häufigkeit« (8 Prozent) versuchen, das richtige Maß anzugeben (z. B. »nicht übertreiben, gutes Mittelmaß«, »mit Augenmaß«). Eine Auswahl weiterer Ratschläge sind:

- »Keine Fetischpornos, die sind verstörend.«
- »Lass es lieber, da sind viele ekelhafte Videos, die du nicht sehen möchtest!«
- »Gedanken sind besser, als anderen beim Sex zuzuschauen (Vorstellungskraft).«
- »Dass sie nicht denken soll, dass Sex in Wirklichkeit so ist wie im Porno.«
- »Wenn derjenige das Bedürfnis danach hat, soll er ruhig machen – solange der Pornokonsum nicht überhandnimmt.«
- »Bekomme die Gedanken nicht mehr aus dem Kopf, würde am liebsten alles vergessen/nie auf eine solche Seite gekommen sein (›reset‹).«
- »Dass er es gerne machen kann, aber danach ein ziemliches Kopfkino haben wird.«

4.9 FAMILIE

Die Familie ist eine wichtige Sozialisationsinstanz. Zur Erklärung von Gewalt werden u. a. sozialisationstheoretische Ansätze herangezogen. Wenn z. B. individuelle Handlungskompetenzen und gesellschaftliche Anforderungen nicht übereinstimmen, entstehen Belastungen mit Stress- und Krisenerscheinungen (Schubarth 2015, S. 46 f.). In einigen Fällen können diese nicht bewältigt werden, weil es an Unterstützung durch die Familie fehlt. Dies hängt allerdings von längerfristigen Sozialisationseinflüssen ab, wie sie sich durch das Zusammenwirken in Schule, Peergroups, Medien – und durch die Familie – ergeben. Zudem spielen auch situative Faktoren eine Rolle. Wir schauen im Folgenden u. a. auf das Familienklima: Erleben Jugendliche, die sexuelle Gewalt erfahren haben, ihre Familie als unterstützend und können sie bspw. über alles reden?

Familienklima

Die emotionale Unterstützung bei Alltagsproblemen, die Wahrnehmung von Sorgen und Ängsten sind Teil einer umfassenden Kommunikation und sagen eine Menge über die Qualität der Beziehung innerhalb der Familie aus. Insgesamt spiegeln sie das Familienklima wider, das eher negativ oder positiv ausgerichtet sein kann.

Das Familienklima wird in verschiedenen Studien (u. a. Shell Jugendstudie 2010, 2015; Maschke et al. 2013) als recht positiv beschrieben. In der Shell Jugendstudie 2010 heißt es, dass die Familie für Jugendliche so wichtig ist »wie für kaum eine Generation davor« (S. 57). In der Shell Studie von 2015 wird zudem deutlich, dass sich auch das Verhältnis zu den eigenen Eltern weiter verbessert hat. Wir dürfen aber nicht übersehen, dass für einen nicht unerheblichen Teil von Kindern und Jugendlichen Familie auch bedeuten kann, dass jeder eigene Wege geht, dass man kaum Zeit füreinander hat, dass es oft zu Streitigkeiten kommt oder dass es sogar körperliche Auseinandersetzungen gibt (Maschke et al. 2013).

Um zu untersuchen, inwieweit die Erfahrungen sexueller Gewalt mit der Wahrnehmung der Familie bzw. der Familienbeziehungen in Zusammenhang stehen, fragten wir die Jugendlichen, wie sie ihre Familie sehen.

Wir unterscheiden im Folgenden die Gruppen in: Jugendliche, die keinerlei Erfahrungen mit sexueller Gewalt haben (keine Betroffenenerfahrungen), Jugendliche, die nicht-körperliche sexuelle Gewalterfahrungen außerhalb der Familie gemacht haben, Jugendliche, die körperliche Erfahrungen sexueller Gewalt außerhalb der Familie gemacht haben, und schließlich die Gruppe Jugendlicher, die nicht-körperliche und/oder körperliche sexuelle Gewalt in der Familie erlebt hat.

>>> WERKZEUG
Aus den insgesamt neun Fragen zur Familie lassen sich zwei Faktoren bilden (inhaltsähnliche Fragebündel), die sich zum einen auf das Wohlfühlen in der Familie beziehen (»In unserer Familie kommt es oft zu Streitigkeiten« [umgepolt], »In unserer Familie geht es meistens friedlich zu«, »In schwierigen Situationen unterstützen wir uns gegenseitig«, »In unserer Familie geht meistens jeder seinen eigenen Weg« [umgepolt], »In unserer Familie können wir über alles sprechen«, »In unserer Familie gibt es körperliche Auseinandersetzungen« [umgepolt], »Ich fühle mich in meiner Familie sehr wohl«) und zum anderen auf eine spezifische fernseh- und alkoholorientierte Familienkultur (»In unserer Familie läuft oft der Fernseher.«, »In unserer Familie wird oft Alkohol getrunken«). Die Antwortvorgaben auf der Skala reichen von »1 = stimmt nicht« bis »4 = stimmt genau«. Die Antworten wurden je Faktor aufsummiert und durch die Anzahl der abgegebenen Antworten geteilt, sodass ein Mittelwert je Faktor entstanden ist, der innerhalb der Spanne der Antwortvorgaben interpretierbar ist.

Wohlfühlen in der Familie: Der Zusammenhang zwischen Wohlfühlen in der Familie (Abb. 29, links) und der Erfahrung mit sexueller Gewalt als Betroffene ist hoch signifikant. Zu sehen ist, dass die Gruppen, die sexuelle Gewalt außerhalb und innerhalb des familiären Kontextes erlebt haben, zugleich die geringsten Wohlfühlwerte haben (liegen zwischen 3,3 und 2,9). Am geringsten fällt dieser Wert bei denen aus, die körperliche und/oder nicht-körperliche sexuelle Gewalt in der Familie erlebt haben. Inwieweit die Abnahme des Wohlfühlens in der Familie eine Auswirkung der Erfahrung sexueller Gewalt darstellt oder andere Gründe hat, können wir nicht belegen. Gleichwohl sehen wir, dass alle Erfahrungen von sexueller Gewalt (insbesondere von körperlicher

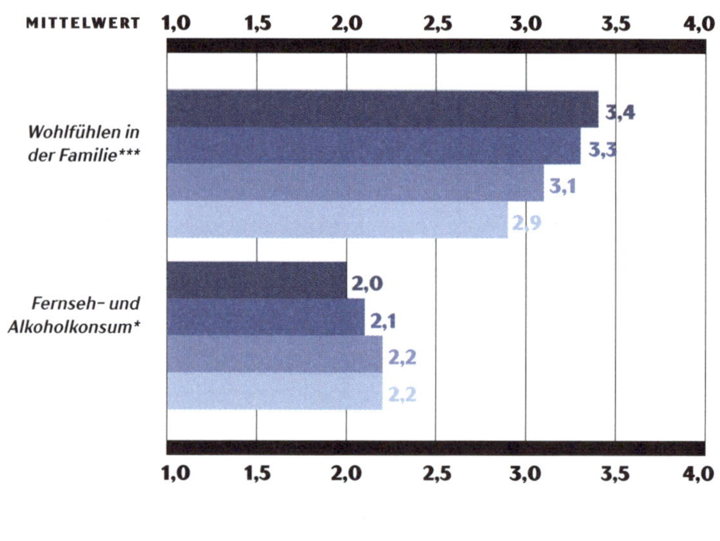

Abb. 29: Wohlfühlen und Fernseh- und Alkoholkonsum in der Familie je Erfahrungsgruppe | Speak! n=2.595, gewichtete Daten; Testung der Gruppenunterschiede je Erfahrungsgruppe basierend auf einfaktorieller Varianzanalyse (*** = $p \leq .001$; ** = $p \leq .01$; * = $p \leq .05$)

ZUSAMMENFASSUNG
Erfahrungen mit sexueller Gewalt – insbesondere die Viktimisierung, die mit körperlicher sexueller Gewalt im außerfamilialen Bereich und mit nicht-körperlichen und/oder körperlichen Gewaltformen in der Famile einhergeht – sind hoch signifikant mit einer negativeren Wahrnehmung des Wohlfühlens oder Wellbeings in der Familie assoziiert.

Gewalt außerhalb der Familie und von Viktimisierung innerhalb der Familie) mit einer negativeren Wahrnehmung des Wohlfühlens oder Wellbeings in der Familie assoziiert sind. In diesen Fällen, so die Annahme, stellt die Familie keinen sehr ausgeprägten emotionalen Stabilitätsfaktor für die Jugendlichen dar, die von sexueller Gewalt betroffen sind.

Fernseh- und Alkoholkonsum in der Familie: Abbildung 29 (unterer Teil) zeigt, dass die Mittelwerte je Erfahrungsgruppe steigen. Dieser Anstieg zeigt, dass Jugendliche, die sexuelle Gewalt als Betroffene erfahren, in einer Familienkultur leben, die etwas stärker von Fernseh- und Alkoholkonsum geprägt ist. Dies ist ein signifikanter Befund. Besonders ausgeprägt ist dies in den Gruppen, die körperliche sexuelle Gewalt im außerfamilialen Bereich oder nicht-körperliche und/oder körperliche Gewaltformen erfahren haben.

ZUSAMMENFASSUNG
Jugendliche mit Erfahrungen sexueller Gewalt nehmen eine stärker an Fernseh- und Alkoholkonsum ausgerichtete Kultur in der Familie wahr als Jugendliche, die keine sexuelle Gewalt erfahren haben.

Regressionsanalysen belegen, dass die Effekte, die wir in Abbildung 29 beschrieben haben, nicht auf die unterschiedliche Zusammensetzung der Erfahrungsgruppen nach Alter, Geschlecht oder sozialer Herkunft zurückzuführen sind, sondern als eigenständiger Effekt der verschiedenen Erfahrungen mit sexueller Gewalt zu interpretieren sind. Das heißt, Jugendliche mit Erfahrungen im Bereich sexueller Gewalt nehmen das Familienklima negativer wahr als *vergleichbare* Jugendliche ohne solche Erfahrungen. Analog gilt dies auch für die Fernseh- und Alkoholorientierung in der Familie.

Fernseh- und Alkoholkonsum in der Familie der Aggressor/innen: Wir haben uns die Familienkultur hinsichtlich des Fernsehens und des Umgangs mit Alkohol auch aus einer anderen Perspektive angeschaut, nämlich aus der der Jugendlichen, die selbst sexuelle Gewalt ausüben (ohne Abb.) – und dies im Zusammenhang mit der Häufigkeit der ausgeübten Erfahrungsformen (keine, eine und mehrere Erfahrungsformen). Ein zentraler Befund ist, dass Jugendliche, die selbst sexuelle Gewalt ausüben, in Familien leben, die stärker als andere eine an Fernseh- und Alkoholkonsum ausgerichtete Kultur haben. Dies trifft in besonders ausgeprägter Weise für Aggressor/innen zu, die mehrere Erfahrungsformen ausgeübt haben.

Eltern als (Erziehungs-)Vorbilder: Wir haben die Jugendlichen auch gefragt, ob sie ihre Kinder später so erziehen wollen, wie sie von ihren Eltern erzogen worden sind (ohne Abb.). Auch mit dieser Frage nähern wir uns dem Familienklima über die wahrgenommene Erziehung durch die Eltern an. Von den

Jugendlichen, die keine Erfahrungen mit sexueller Gewalt als Betroffene gemacht haben, sagen 88 Prozent, dass sie ihre Kinder (»genau so« oder »ungefähr so«) erziehen würden, wie sie selbst erzogen wurden. Bei den Jugendlichen, die sexuelle Gewalt in der Familie erlebt haben, sinkt dieser Anteil auf 53 Prozent. In gewisser Weise bedeutet dies, dass die Eltern als (Erziehungs-)Vorbilder für Jugendliche mit sexuellen Gewalterfahrungen in der Familie bei weitem weniger relevant sind, als dies bei Jugendlichen der Fall ist, die solche Erfahrungen nicht gemacht haben.

Vertrauensvoller Umgang: Wie vertrauensvoll gehen die Familienmitglieder miteinander um? Ob sich Jugendliche ihren Eltern anvertrauen, wovon sie zu Hause erzählen, wirft ein Licht auf die Beziehungen und das Klima in der Familie. Wir haben in den Blick genommen, was Heranwachsende zu Hause – der Mutter – erzählen. Die Mutter haben wir als Vertrauensperson ausgewählt, da deutlich weniger Angaben zum Vater vorliegen. Im Gegensatz zur Mutter, mit der 96 Prozent der Jugendlichen zusammenleben, wohnen 74 Prozent der Jugendlichen nicht mit ihrem Vater zusammen. Zusammengefasst haben wir die Antwortkategorien »oft« und »sehr oft/immer«.

Die Gruppen unterscheiden wir wie auch zuvor nach unterschiedlichen Betroffenenerfahrungen (Abb. 30 und 31).

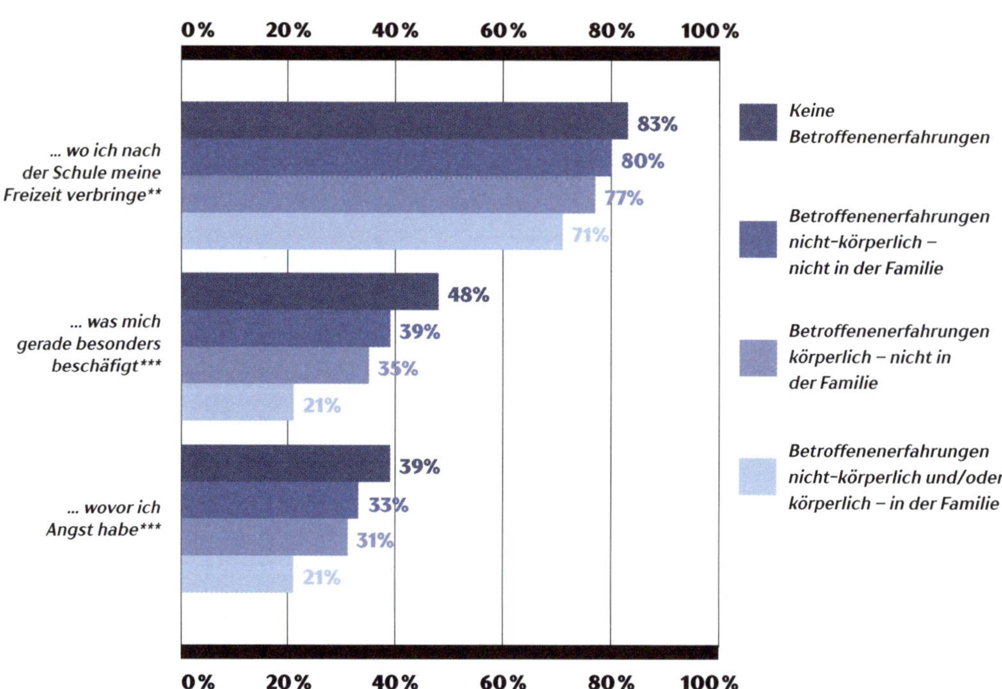

Abb. 30: Anteil der Jugendlichen, die ihrer Mutter erzählen … – je Erfahrungsgruppe | Speak! n=2.651, gewichtete Daten; Testung der Gruppenunterschiede je Erfahrungsgruppe basierend auf einfaktorieller Varianzanalyse (*** = p ≤ .001; ** = p ≤ .01; * = p ≤ .05)

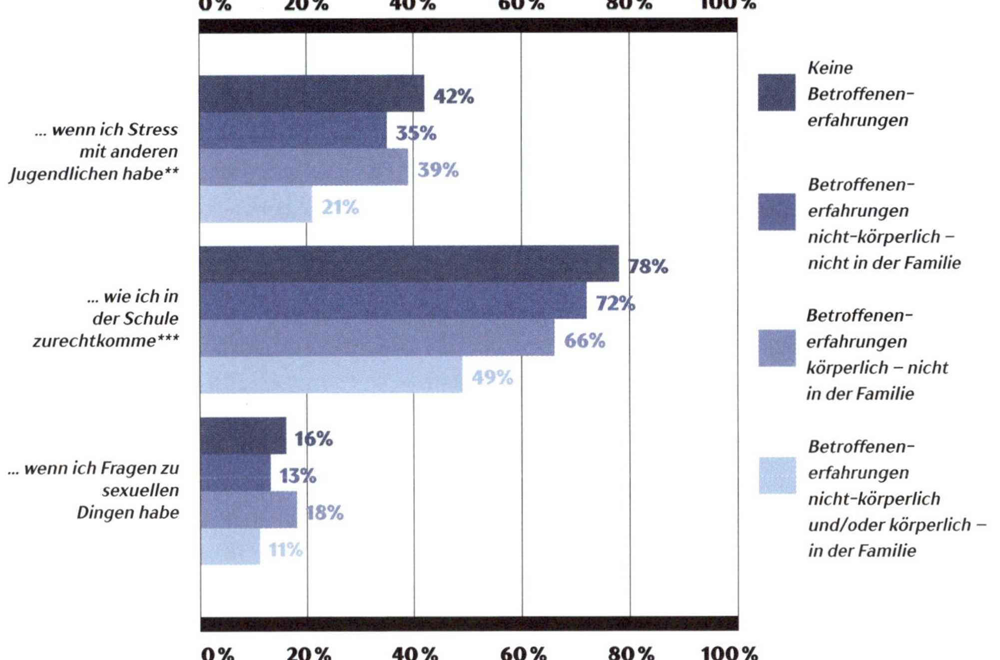

Abb. 31: Anteil der Jugendlichen, die ihrer Mutter erzählen … – je Erfahrungsgruppe | Speak! n=2.651, gewichtete Daten; Testung der Gruppenunterschiede je Erfahrungsgruppe basierend auf einfaktorieller Varianzanalyse (*** = $p \leq .001$; ** = $p \leq .01$; * = $p \leq .05$)

Wir sehen im Vergleich der Gruppen, dass 83 Prozent derjenigen, die nicht von sexueller Gewalt betroffen sind, ihrer Mutter erzählen, »wo ich nach der Schule meine Freizeit verbringe«. Diese Anteile sinken, wenn sexuelle Gewalterfahrungen vorliegen. Die größte Differenz findet sich bei der Gruppe, die sexuelle Gewalt in der Familie erlebt hat. Das Statement »was mich gerade besonders beschäftigt« wird von knapp der Hälfte (48 Prozent) derer genannt, die keine sexuellen Gewalterfahrungen haben. Bei den anderen Gruppen mit sexuellen Gewalterfahrungen sinken die Anteile – bis hin zu 21 Prozent (Prozentsatzdifferenz von 27 Prozentpunkten) bei den Betroffenen, die sexuelle Gewalt in der Familie erlebt haben. Zu erzählen, »wovor ich Angst habe«, geben 39 Prozent der Jugendlichen an, die keine sexuelle Gewalt erlebt haben. Bei Betroffenen, die nicht-körperliche oder körperliche Gewalt außerhalb der Familie erlebt haben, liegen die Anteile mit 33 und 31 Prozent niedriger. Dem Statement stimmen diejenigen, die sexuelle Gewalt in der Familie erlebt haben, mit einem noch geringeren Anteil von nur noch 21 Prozent zu. Insgesamt zeigt sich im Vergleich der drei Themen, über die mit der Mutter gesprochen wird, dass die Mitteilung von Aufenthaltsorten (wo nach der Schule die Freizeit verbracht wird) zu den verbreitetsten Themen zählt, mit deutlichem Abstand dazu folgen Themen, die die Jugendlichen besonders beschäftigen, und wovor sie Angst haben.

Abbildung 31 zeigt weitere Themen: Stress mit anderen Jugendlichen zu haben ist ein Thema, das 42 Prozent der Jugendlichen mit ihrer Mutter besprechen, die keine sexuelle Gewalt erfahren haben. Betroffene, die nicht-körperliche oder körperliche sexuelle Gewalt außerhalb der Familie erfahren haben, sprechen zu geringeren Anteilen, zu 35 Prozent und 39 Prozent, darüber. Jugendliche mit sexuellen Gewalterfahrungen im familiären Bereich reden demgegenüber nur noch zu 21 Prozent mit ihrer Mutter darüber. Das Thema »wie ich in der Schule zurechtkomme« scheint insgesamt betrachtet ein recht prominentes (Familien-)Thema zu sein: Befragte ohne sexuelle Gewalterfahrungen sprechen zu 78 Prozent darüber, bei allen anderen Gruppen liegt die Zustimmung dazu niedriger. Besonders augenfällig ist, dass nur noch knapp die Hälfte (49 Prozent) der von familiärer sexueller Gewalt Betroffenen dieses Thema zu Hause bespricht. »Fragen zu sexuellen Dingen« werden – gemessen an allen übrigen Themen – insgesamt am wenigsten in Gespräche eingebracht. Die Gruppe, die keine sexuelle Gewalt erlebt hat, ist mit 16 Prozent vertreten, der niedrigste Anteil liegt bei denen, die sexuelle Gewalt in der Familie erlebt haben (11 Prozent). Interessanterweise liegt der höchste Prozentwert (mit 18 Prozent) bei denen, die außerhalb der Familie körperliche sexuelle Gewalt erlebt haben. Dies könnte ein (vorsichtiger) Hinweis darauf sein, dass solche Viktimisierungen mit einem verstärkten Bedürfnis einhergehen, dieses zu Hause zu thematisieren.

ZUSAMMENFASSUNG

Jugendliche, die sexuelle Gewalt in oder außerhalb der Familie erlebt haben, bringen in der Familie Themen – die für ihre Entwicklung, die Bewältigung des (vor allem schulischen) Alltags bedeutsam sind – zu geringeren Anteilen zur Sprache als Jugendliche, die keine sexuelle Gewalt erlebt haben. Dies ist besonders stark bei der Gruppe Jugendlicher ausgeprägt, die sexuelle Gewalt in der Familie erlebt hat.

Weiterführende Befunde, auf die wir an dieser Stelle nicht näher eingehen können, zeigen, dass auch diejenigen Jugendlichen, die sexuelle Gewalt ausüben, seltener als andere Jugendliche ihre Kinder später so erziehen wollen, wie sie selbst erzogen worden sind, und weniger dazu neigen, ihrer Mutter von sich zu erzählen.

4.10 ERGEBNISSE IM ÜBERBLICK

Wir tragen im Folgenden die Ergebnisse des 4. Kapitels an dieser Stelle in aller Kürze zusammen.

- **Folgen:** Mehr Mädchen als Jungen geben an, dass die erlebte sexuelle Gewalt Folgen für sie hatte. Das gilt für nicht-körperliche wie körperliche Erfahrungen. Wie lange die Jugendlichen die entsprechenden Folgen gespürt haben, hängt nicht davon ab, ob es sich um Folgen durch nicht-körperliche oder durch körperliche sexuelle Gewalt gehandelt hat.
- **Selbstbild:** Jugendliche, die sexuelle Gewalt erlebt haben, haben ein hoch signifikant geringeres und damit weniger positives Selbstbild als Jugendliche, die keine sexuelle Gewalt erlebt haben. Die negativen Auswirkungen sind besonders stark bei körperlichen sexuellen Erfahrungen mit Penetration(sversuch).

- **Freiwillige sexuelle Erfahrungen:** Jugendliche, die sexuell erfahren sind, haben zu einem hoch signifikant höheren Anteil sexuelle Gewalt – vor allem körperliche sexuelle Gewalt mit Penetration(sversuch) – erlebt und zählen auch häufiger zu den Aggressor/innen.
- **Körperliche Entwicklung**: Körperlich früh entwickelte Mädchen sind einem höheren Risiko als andere Mädchen ausgesetzt, vor allem von schweren Formen körperlicher sexueller Gewalt betroffen zu sein.
- **Alkohol, Rauchen und (andere) Drogen:** Aufgezeigt wurde ein deutlicher Zusammenhang zwischen sexuellen Gewalterfahrungen und dem erhöhten Konsum vor allem von Alkohol, aber auch von Nikotin und Drogen.
- **Partnerschaftsvorstellungen:** Einige Vorstellungen werden von Mädchen und Jungen geteilt. Stärker als Mädchen verbinden Jungen jedoch mit bestimmten Aussagen (z. B. Sexting) Vorstellungen von einer sexuellen Offenheit und Bereitschaft, sexuelle Dinge zu tun, die für sie selbstverständlich, für Mädchen aber stärker risikoreich zu sein scheinen.
- **Stadt/Land:** Bezogen auf das Risiko, verbale und/oder schriftliche Formen sexueller Gewalt zu erleben, ist es für Jungen etwas riskanter, in der Stadt zu leben als auf dem Land.
- **Pornografie:** Jungen konsumieren zu einem deutlich höheren Anteil Pornos als Mädchen. Zudem ist auch der Anteil der »Heavy User« (diejenigen, die mehr als viermal die Woche schauen) bei den Jungen besonders stark vertreten. Der dauerhafte Konsum von Pornografie hat einen »Gewöhnungseffekt« und es zeigt sich eine bagatellisierende Haltung. Jugendliche, die öfter Pornos schauen, gehören signifikant häufiger als andere Jugendliche zu denen, die selbst sexuelle Gewalt ausüben.
- **Familie:** Die Viktimisierung, die mit körperlicher sexueller Gewalt außerhalb der Familie und mit nicht-körperlicher und/oder körperlichen Gewaltformen in der Familie einhergeht, verbindet sich mit einer negativeren Wahrnehmung des Wohlfühlens oder Wellbeings in der Familie. Jugendliche, die sexuelle Gewalterfahrungen haben, nehmen in der Familie eine stärker am Fernseh- und Alkoholkonsum ausgerichtete Kultur wahr als Jugendliche, die keine sexuelle Gewalt erfahren haben. Aggressor/innen, insbesondere die mehrere Erfahrungsformen ausgeübt haben, leben in Familien, die stärker als andere eine deutlich am Fernseh- und Alkoholkonsum ausgerichtete Kultur haben. Jugendliche, die sexuelle Gewalt in oder außerhalb der Familie erlebt haben, bringen grundsätzlich in der Familie Themen, die für ihre Entwicklung und Alltagsbewältigung bedeutsam sind, zu geringeren Anteilen zur Sprache als Jugendliche, die keine sexuelle Gewalt erlebt haben. Dies ist besonders stark bei der Gruppe Jugendlicher ausgeprägt, die sexuelle Gewalt in der Familie erlebt hat.

5 — Schule

»Ich hätte mir gewünscht: Hilfe vom Lehrer, der das gesehen hat.«

Schule ist ein besonders prägendes und (nach)wirkendes Erfahrungsfeld für junge Menschen. An der Schule kommen Heranwachsende aufgrund der Schulpflicht nicht vorbei. Dabei gestaltet Schule »den Sozialisationsprozess von der frühen bis zur späten Adoleszenz mit« (Ecarius et al. 2011, S. 80). Im schulischen Kontext spielen die Peers für Kinder und Jugendliche eine kaum zu überschätzende Rolle. Ein Ergebnis der Studie Jugend.Leben (Maschke et al. 2013) ist, dass es für fast 80 Prozent der Kinder und Jugendlichen im Alter von 10 bis 18 Jahren zu den positiven Seiten von Schule zählt, dass sie dort ihre Freunde treffen; dies hat sich in den letzten Jahren noch verstärkt. Schule hat die Funktion einer »sozialen Arena«: Hier trifft man sich, tauscht sich aus und bildet soziale Räume, in denen Peers »unter sich« sind (King 2004, S. 203). Eigenständige, unabhängige und, bezogen auf die schulische Ordnung, auch durchaus widerständige Wert- und Handlungsorientierungen werden aufgebaut (Maschke & Stecher 2010).

In diesem bedeutsamen sozialen Umfeld können sich Erfahrungen sexueller Gewalt negativ auf die Wahrnehmung dieses Lebensraums und in der Folge auch auf die Entwicklung der Heranwachsenden auswirken. Wir gehen davon aus, dass neben der direkten Erfahrung sexueller Gewalt auch die Beobachtung sexueller Gewalt die Wahrnehmung von Schule verändern kann. Um zu untersuchen, inwieweit die Erfahrungen sexueller Gewalt mit der Wahrnehmung der Institution Schule in Zusammenhang stehen, fragten wir die Jugendlichen danach, wie sie Schule erleben.

In Kapitel 2.3 haben wir gezeigt, dass die Schule häufig als Ort sexueller Gewalt und die Mitschüler/innen häufig als gleichaltrige Täter/innen genannt werden. Das gilt insbesondere sowohl für nicht-körperliche sexuelle Gewalterfahrungen als auch für das Beobachten sexueller Gewalt. Allerdings spielen auch andere Orte, an denen sexuelle Gewalt verübt wird, eine Rolle. Wir haben deshalb Gruppen von betroffenen Schüler/innen gebildet, deren zu Protokoll gegebene Gewalterfahrungen sich tatsächlich auf die Schule als Tatort beziehen. Eine Perspektive, die uns bspw. mit Blick auf die Frage, wie sicher sich Schüler/innen in der Schule fühlen, zentral scheint. Wir unterscheiden vier Gruppen: Jugendliche, die keinerlei Erfahrungen mit sexueller Gewalt haben (Kontrollgruppe), Jugendliche, die sexuelle Gewalt in der Schule *beobachtet* haben, Jugendliche, die *nicht-körperliche* Erfahrungen sexueller Gewalt in der Schule gemacht haben, und schließlich die Gruppe Jugendlicher, die *körperliche* sexuelle Gewalt in der Schule erfahren hat.

5.1 SCHUL- UND LERNFREUDE

Schätzen Schüler/innen die Schule und das schulische Lernen positiv ein? Oder halten sie Schule für ein notwendiges Übel, das sie so schnell wie möglich hinter sich bringen wollen? Diese und ähnliche Fragen zielen auf die Schul- und Lernfreude ab, die so etwas wie ein subjektives Urteil über die Schule bilden (Fraij, Maschke & Stecher 2015). Deutlich wird daran, in welchem Ausmaß »die Schule ein positiv akzeptierter und relevanter Lebensraum für den Schüler ist« (Fend et al. 1976, S. 439). Häufig wird ähnlich zum Begriff der Schulfreude in der Forschungsliteratur auch der Begriff des schulischen Wohlbefindens verwendet.

>>> WERKZEUG

Die Schul- und Lernfreue wurde über die Items »Ich gehe gerne in die Schule«, »Ich gehöre zu den Schülern, die gerne lernen«, »Ich langweile mich zur Zeit in der Schule« (umgepolt) gemessen. Die Antwortvorgaben auf der Skala reichen von »1 = stimmt nicht« bis »4 = stimmt genau«. Die Antworten wurden je Faktor aufsummiert und durch die Anzahl der abgegebenen Antworten geteilt, sodass ein Mittelwert je Faktor entstanden ist, der innerhalb der Spanne der originalen Antwortvorgaben interpretierbar ist.

Schul- und Lernfreude nach Erfahrungsgruppen: Insgesamt verweist die absolute Höhe der Mittelwerte in Abbildung 32 auf eine eher »verhaltene« Schul- und Lernfreude der Schüler/innen. Das gilt auch für die Schüler/innen ohne sexuelle Gewalterfahrungen. Die Mittelwerte bewegen sich um die theoretische Mitte der Skala, zu der sich positive wie negative Einschätzungen auspendeln. Ein Befund, der als solcher aus der Schüler/innenforschung gut bekannt ist (Fraij, Maschke & Stecher 2015).

Die Ergebnisse des Vergleichs zwischen den Erfahrungsgruppen sind hoch signifikant. Zwar liegen die beiden Gruppen von Schüler/innen »keine Erfahrungen mit sexueller Gewalt« und »Beobachtererfahrungen« bezüglich der Schulfreude nah beieinander. Die Gruppen aber, die direkt von sexueller Gewalt betroffen sind – durch nicht-körperliche Erfahrungen (Mittelwert 2,4) oder durch körperliche Erfahrungen in der Schule (2,3) –, unterscheiden sich deutlich von den anderen Gruppen: Jugendliche mit sexuellen Gewalterfahrungen in der Schule (insbesondere mit körperlichen Gewalterfahrungen) haben eine geringere Schul- und Lernfreude, lernen weniger gern und gehen weniger gern in die Schule als Gleichaltrige, die solche Erfahrungen nicht gemacht haben.

Weitere Unterschiedsmerkmale (ohne Abb.): Da die Gruppen von Jugendlichen, die wir hier miteinander vergleichen, sich in ihrer strukturellen Zusammensetzung unterscheiden (z. B. hinsichtlich des Anteils von Mädchen und Jungen, jüngeren und älteren Schüler/innen), haben wir wieder verschiedene Regressionsmodelle berechnet, um zu überprüfen, ob die beobachtete Wirkung der Gewalterfahrungen auf die Schulfreude auch unter Kontrolle dieser strukturellen Gruppenunterschiede erhalten bleibt. Diese Kontrollrechnungen

SCHUL- UND LERNFREUDE JE ERFAHRUNGSGRUPPE

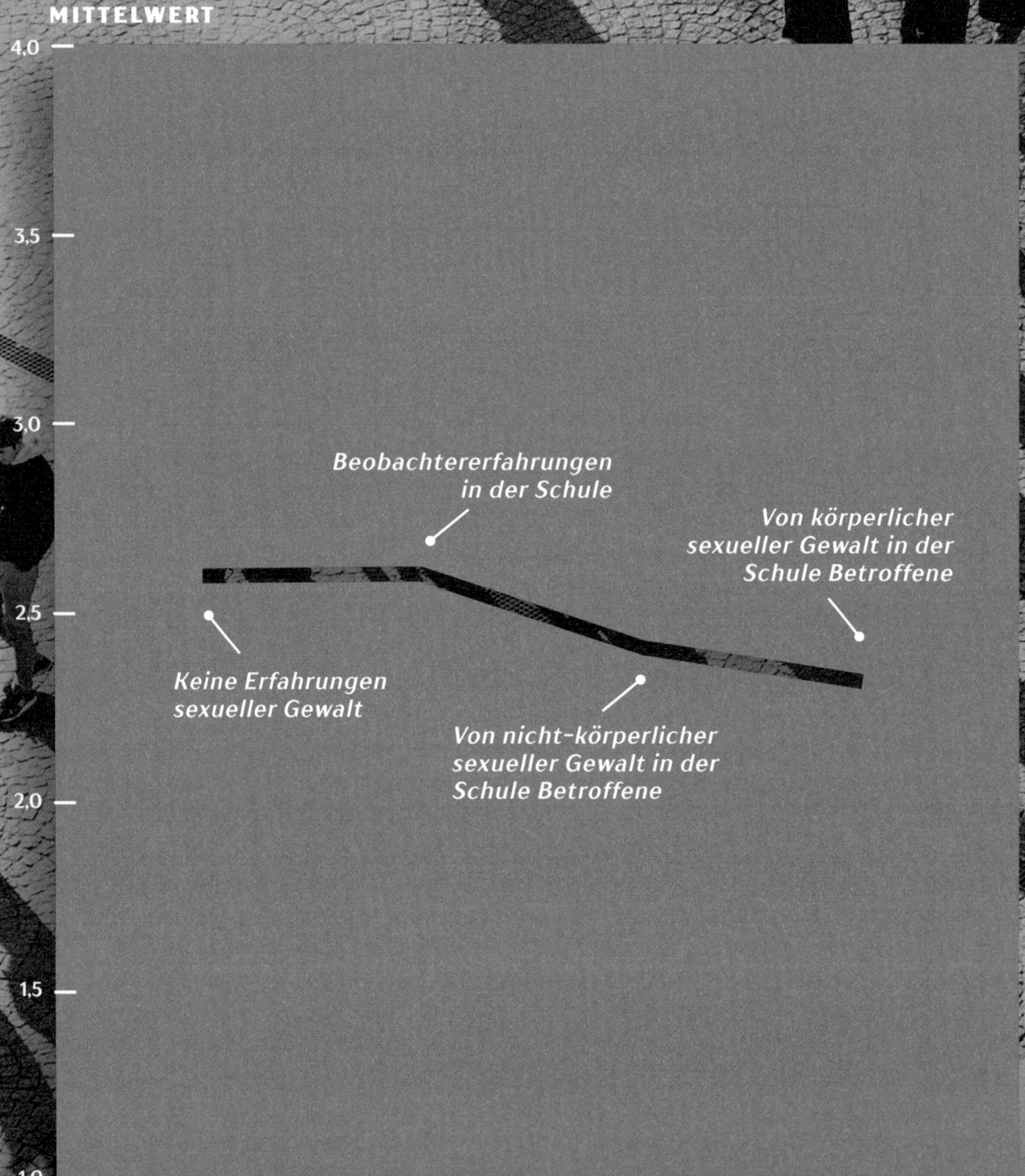

Abb. 32: Schul- und Lernfreude je Erfahrungsgruppe (Mittelwerte) – nach Erfahrungsformen | Speak! n=2.651, gewichtete Daten; Testung der Gruppenunterschiede je Erfahrungsgruppe basierend auf einfaktorieller Varianzanalyse

ZUSAMMENFASSUNG
Bei den Schüler/innen, die sexuelle Gewalt in der Schule erlebt haben (insbesondere körperliche Gewalt), ist die Schul- und Lernfreude geringer als bei Schüler/innen, die keine sexuelle Gewalt erlebt haben.

belegen, dass sich für jeden Erfahrungsbereich nach Kontrolle struktureller Variablen – Geschlecht, Alter, Bildungsgang, Schichtzugehörigkeit, Migrationshintergrund – ein eigenständiger statistisch hoch signifikanter Zusammenhang mit der Schulfreude belegen lässt. Jugendliche mit Betroffenen-Erfahrungen im Bereich sexueller Gewalt, geben eine geringere Schulfreude an als vergleichbare Jugendliche – das heißt als Jugendliche desselben Geschlechts, desselben Alters, derselben sozialen Herkunft, desselben besuchten Bildungsgangs – ohne solche Erfahrungen.

5.2 SICHERHEITSEMPFINDEN IN DER SCHULE

Ein weiterer Faktor, der gebildet wurde, bezieht sich auf den Aspekt der Sicherheit. Wie sicher fühlen sich die befragten Schüler/innen in der Schule?

>>> WERKZEUG
Dazu zählen die Statements: »Ich fühle mich in der Schule sicher«, »Ich habe Angst in die Schule zu gehen« (umgepolt), »Ich fühle mich in der Schule wohl«. Die Antwortvorgaben auf der Skala reichen von »1 = stimmt nicht« bis »4 = stimmt genau«. Die Antworten wurden je Faktor aufsummiert und durch die Anzahl der abgegebenen Antworten geteilt, sodass ein Mittelwert je Faktor entstanden ist, der innerhalb der Spanne der originalen Antwortvorgaben interpretierbar ist.

Wir unterscheiden auch hier in: Jugendliche, die keinerlei Erfahrungen mit sexueller Gewalt haben, Jugendliche, die sexuelle Gewalt in der Schule beobachtet haben, Jugendliche, die nicht-körperliche Erfahrungen sexueller Gewalt in der Schule gemacht haben und schließlich die Gruppe Jugendlicher, die körperliche sexuelle Gewalt in der Schule erfahren hat (Abb. 33).

Zwischen der Gruppe, die keine Erfahrungen mit sexueller Gewalt gemacht hat, und allen übrigen Erfahrungsgruppen zeigen sich signifikante Unterschiede – bei den »Beobachtererfahrungen« (Mittelwert 3,4 gegenüber dem Referenzwert »keine Erfahrungen«, der bei 3,5 liegt), insbesondere aber bei den direkt von sexueller Gewalt Betroffenen (3,2 und 3,1). Am stärksten fällt die Differenz mit Blick auf die körperlichen Erfahrungen aus. Das heißt, Jugendliche mit sexuellen Gewalterfahrungen in der Schule (insbesondere körperliche Gewalt) fühlen sich in der Schule weniger sicher und wohl als Gleichaltrige, die solche Erfahrungen nicht gemacht haben.

ZUSAMMENFASSUNG
Jugendliche mit Erfahrungen im Bereich sexueller Gewalt (insbesondere körperlicher Gewalt) fühlen sich in der Schule weniger sicher und wohl als Gleichaltrige, die solche Erfahrungen nicht gemacht haben.

Allerdings ist insgesamt zu betonen, dass die absolute Höhe der Mittelwerte über alle Gruppen darauf hinweist, dass die Schule nicht grundsätzlich als

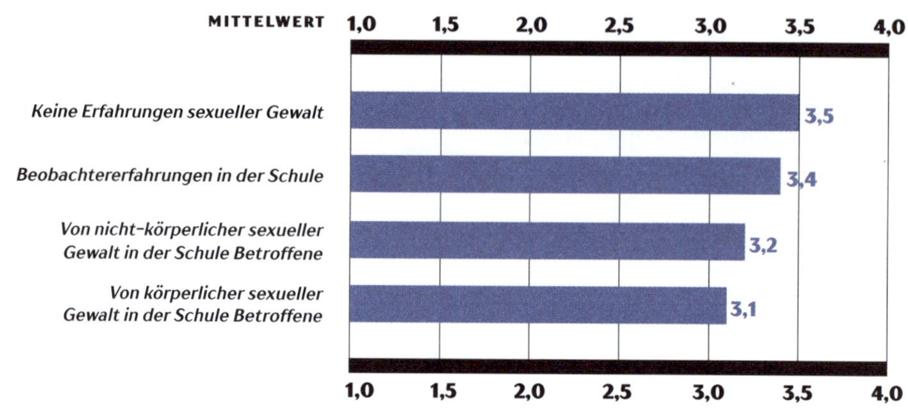

Abb. 33: Sicherheitsempfinden in der Schule je Erfahrungsgruppe (Mittelwerte) | Speak! n=2.651, gewichtete Daten; Testung der Gruppenunterschiede je Erfahrungsgruppe basierend auf einfaktorieller Varianzanalyse (*** = p ≤ .001; ** = p ≤ .01; * = p ≤ .05)

unsicherer Ort empfunden wird und sich die meisten Schüler/innen dort sicher fühlen. Die Mittelwerte liegen deutlich über der theoretischen Mitte der Skala. Hinsichtlich der Frage, ob die Jugendlichen gerne zur Schule gehen und gerne lernen, liegen die Mittelwert (Abb. 32) deutlich niedriger.

5.4 ROLLE DER LEHRER/INNEN

Das Lehrer/innen-Schüler/innen-Verhältnis hat vielfältige Funktionen und Ausdrucksformen: Die Lehrkraft bzw. ihr pädagogisches Handeln stellt den zentralen Vermittlungsmodus zwischen den institutionellen Ansprüchen – von Curriculum und Schule – und den individualisierten Ansprüchen, Voraussetzungen und Interessen der einzelnen Schüler/innen dar (Fend 1997, S. 75). Daraus ergibt sich, dass die Beziehung zwischen den Lehrer/innen und den Schüler/innen »eine Beziehung besonderer Art« darstellt: »Sie ist keine ›Liebesbeziehung‹, trotzdem enthält sie viele Elemente eines solchen Verhältnisses: Bewunderung, Nachahmungsbereitschaft, Anhänglichkeit, Ablehnung und Haß. Sie ist kein Eltern-Kind-Verhältnis, da sie kein unkündbares langes Verhältnis ist, trotzdem hat sie mit ihm viele Elemente gemeinsam: jene der Suche nach autoritativem Urteil, nach Führung, nach Akzeptanz und aufseiten der LehrerInnen den Wunsch, die Entwicklungsgeschichte eines Kindes positiv zu beeinflussen« (Fend 1997, S. 76). Zweifellos gehört damit das Schüler/innen-Lehrer/innen-Verhältnis zu den zentralen Erlebnisqualitäten von Schule (Ulich 1991, S. 385 ff.; Raufelder 2010; Maschke & Stecher 2010).

Wir schauen insbesondere darauf, inwieweit das Lehrer/innen-Verhalten in Zusammenhang mit sexuellen Gewalterfahrungen steht. Welche Rolle spielen die Dimensionen »Vertrauen« und »Zurückweisung« in diesem Kontext?

>>> WERKZEUG
Für »Vertrauen« stehen die Statements »Ich würde mich trauen, mit einigen von unseren Lehrer/innen auch persönliche Probleme zu besprechen«, »Man wird an dieser Schule von den meisten Lehrer/innen ernst genommen« und »Wir kommen mit den meisten Lehrer/innen gut aus«. Zu den Fragen hatten die Jugendlichen vier Antwortmöglichkeiten: »1 = stimmt nicht«, »2 = stimmt eher nicht«, »3 = stimmt eher« und »4 = stimmt genau«. Die Antworten auf die Fragen je Dimension werden jeweils addiert und durch die Anzahl geteilt. So ergibt sich je ein durchschnittlicher Wert für Vertrauen und Zurückweisung.

Vertrauen können wir als das Ausmaß ansehen, in dem die Schüler/innen ihre Lehrer/innen als Personen wahrnehmen, die an ihnen persönliches Interesse zeigen, und in dem die Schüler/innen mit ihren Lehrer/innen auch über Privates außerhalb des Unterrichts sprechen können (Maschke & Stecher 2010). Vertrauensvolle Beziehungen sind vor allem für die Schüler/innen wichtig, die sexuelle Gewalt in der Schule erlebt haben und die Unterstützung des Lehrers/der Lehrerin dringend brauchen.

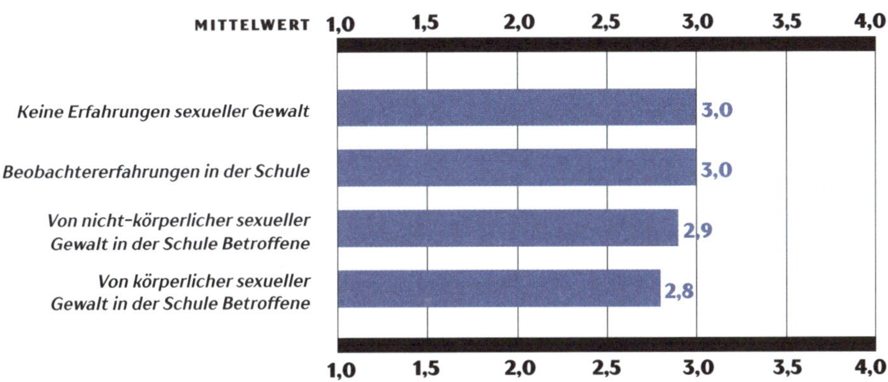

Abb. 34: Vertrauensvolle Beziehung zu den Lehrer/innen je Erfahrungsgruppe (Mittelwerte) | Speak! n=2.651, gewichtete Daten; Testung der Gruppenunterschiede je Erfahrungsgruppe basierend auf einfaktorieller Varianzanalyse (*** = $p \leq .001$; ** = $p \leq .01$; * = $p \leq .05$)

Vertrauensvolle Beziehungen: Wir unterscheiden wiederum die vier gewohnten Gruppen (Abb. 34). Signifikante Unterschiede bezüglich der Wahrnehmung des Schüler/innen-Lehrer/innen-Verhältnisses als ein vertrautes ergeben sich zwischen den Gruppen ohne (direkte) sexuelle Gewalterfahrungen und denen, die viktimisiert wurden. Besonders niedrig ist das Vertrauen bzw. die vertrauensvolle Beziehung bei den Befragten ausgeprägt, die körperliche sexuelle Gewalt erfahren haben. Das heißt zum einen, dass Schüler/innen mit sexuellen Gewalterfahrungen ihre Lehrer/innen weniger als Personen wahrnehmen, die an ihnen persönliches Interesse zeigen und mit denen sie über ihre Probleme sprechen können, als dies Schüler/innen tun, die diese Gewalterfahrungen nicht machen mussten. Zum anderen haben damit gerade Schüler/innen mit sexuellen Gewalterfahrungen (und vor allem solche mit körperlichen sexuellen Gewalterfahrungen) eine weniger vertrauensvolle Unterstützungsbasis durch Lehrer/innen als Schüler/innen ohne sexuelle Gewalterfahrungen.

Zurückweisung: Bezogen auf diese Dimension gibt es zwei Aussagen: »Bei uns gibt es Lehrer/innen, die gegen Schüler/innen schon mal handgreiflich werden« und »Es gibt Lehrer/innen bei uns, die einen vor der ganzen Klasse blamieren«.

ZUSAMMENFASSUNG
Insgesamt zeigt sich, bezogen auf die zwei Aspekte der Schüler/innen-Lehrer/innen-Beziehung »Vertrauen« und »Zurückweisung«, dass Jugendliche mit (insbesondere körperlichen) sexuellen Gewalterfahrungen eine weniger vertrauensvolle und zugleich stärker zurückweisende Haltung ihrer Lehrer/innen erleben. Das ist für diese Gruppe der Betroffenen besonders gravierend, da sie der vertrauensvollen Unterstützung durch Erwachsene im schulischen Kontext im Besonderen bedürfen.

Zurückweisung durch Lehrer/innen in Form abweisender oder sanktionierender Handlungen erleben eher Schüler/innen, die sexuelle Gewalt direkt erlebt haben – insbesondere diejenigen, die körperliche sexuelle Gewalt erfahren haben (Abb. 35). Dieser Zusammenhang ist hoch signifikant und beträgt zur Kontrollgruppe 0,5 Skalenpunkte. Vermutet werden kann, dass Lehrer/innen zum Teil mit einer Art schroffer Abwehr auf betroffene Schüler/innen reagieren. Vielleicht, um sich mit dem Problem (das die ganze Klasse betreffen kann; das zeigt der Umgang mit Mobbing in der Klasse) nicht weiter auseinandersetzen zu müssen. Dies ist jedoch nur eine mögliche Lesart des Befundes. Differenzierte Studien müssten folgen.

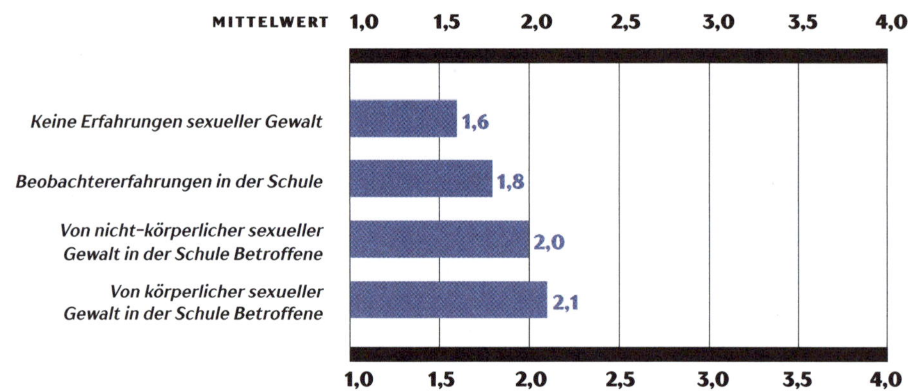

Abb. 35: Zurückweisendes Verhalten der Lehrer/innen je Erfahrungsgruppe (Mittelwerte) | Speak! n=2.651, gewichtete Daten; Testung der Gruppenunterschiede je Erfahrungsgruppe basierend auf einfaktorieller Varianzanalyse (*** = $p \leq .001$; ** = $p \leq .01$; * = $p \leq .05$)

5.5 ERFAHRUNGEN MIT MOBBING IN DER SCHULE

Schule bedeutet für Schüler/innen nicht nur Unterricht, sondern ist ein sozialer und geselliger Ort, an dem man Freunde treffen und sich mit Gleichaltrigen austauschen kann – Schule vermittelt somit eine positive Grunderfahrung. Schule hat aber auch problematische Seiten, die für die betroffenen Schüler/innen Leiden bedeuten können. Gemeint sind hier nicht der ungerechte Lehrer oder die schlechten Noten, sondern die Mitschüler/innen, die einem Schüler/einer Schülerin das Leben zur Hölle machen können: durch Mobbing (Maschke & Stecher 2010; Maschke et al. 2013).

Der Begriff »Mobbing« bezieht sich hier auf Gewalterfahrungen bzw. -handlungen unter Mitschüler/innen. Im Mittelpunkt von Mobbing stehen zielgerichtete Schädigungshandlungen wie physische Gewalt (Schlagen, Treten, Stoßen etc.), Formen psychischer Gewalt (Gerüchte verbreiten, Schikanieren und Verspotten etc.) und Gewalt gegen Sachen von Mitschüler/innen (etwa Stehlen, Verstecken oder Zerstören von Gegenständen; Schubarth 2010). Auch Cyber-Mobbing gehört dazu, wobei sich der Begriff auf das Internet als Ort der Schikane bezieht. Beim Mobbing ist das Opfer über einen längeren Zeitraum und systematisch, in vielen Fällen auch mehr als einer Gewaltform ausgesetzt (Maschke et al. 2013).

Im Folgenden beziehen wir uns auf Mobbingerfahrungen – und damit auf Schüler/innen, die wiederholt (und über einen längeren Zeitraum) von Gewalthandeln betroffen sind.

Mobbingerfahrungen: In Abbildung 36 unterscheiden wir wieder vier Gruppen: Jugendliche, die keinerlei Erfahrungen mit sexueller Gewalt haben, Jugendliche, die sexuelle Gewalt in der Schule beobachtet haben, Jugendliche, die nicht-körperliche Erfahrungen sexueller Gewalt in der Schule gemacht haben, und schließlich die Gruppe Jugendlicher, die körperliche sexuelle Gewalt in der Schule erfahren hat.

>>> WERKZEUG
Wir haben gefragt: »Wie oft ist dir das passiert? Denke bitte an das letzte Schuljahr.« Dazu haben wir verschiedene Items zu Gewalterfahrungen in der Schule gestellt. Dazu zählen u. a. »Ich bin von anderen geschlagen worden«, »Ich bin von anderen gehänselt oder geärgert worden«, »Mir wurden von anderen Sachen absichtlich kaputt gemacht«, »Es wurden Dinge über mich erzählt, die nicht stimmen«, »Mir wurde gewaltsam etwas weggenommen«, »Ich wurde von anderen mit Ausdrücken beschimpft«, »Ich bin von anderen belästigt oder bedroht worden«, »Ich bin von anderen im Internet (z. B. Facebook, Instagram, Snapchat) bloßgestellt oder beleidigt worden«. Die Antwortvorgaben reichten von »1 = nie« bis »5 = (fast) täglich«. Im Folgenden haben wir nur die Antwortvorgaben zusammengefasst, die für wiederholte Erfahrungen sprechen: »3 = mehrmals im Monat«, »4 = mehrmals in der Woche« und »5 = (fast) täglich«. Befragte, die dies angegeben haben, erhielten dafür je einen Punkt. Insgesamt ergibt sich über die Aufsummierung ein Score von (minimal) 0 bis (maximal) 9.

Wenn die Balkenhöhe sich auch insgesamt auf recht niedrigem Niveau bewegt, darf das nicht darüber hinwegtäuschen, dass diejenigen Befragten, die sexuelle Gewalt als direkt Betroffene erlebt haben, verstärkt über Mobbingerfahrungen berichten. Jugendliche, die keine sexuelle Gewalt erlebt haben, erleben auch weniger Mobbing. Haben Jugendliche nicht-körperliche sexuelle Gewalt erlebt, steigen auch die Mobbingerfahrungen. Dies gilt auch und besonders mit Blick auf das Erleben körperlicher sexueller Gewalt.

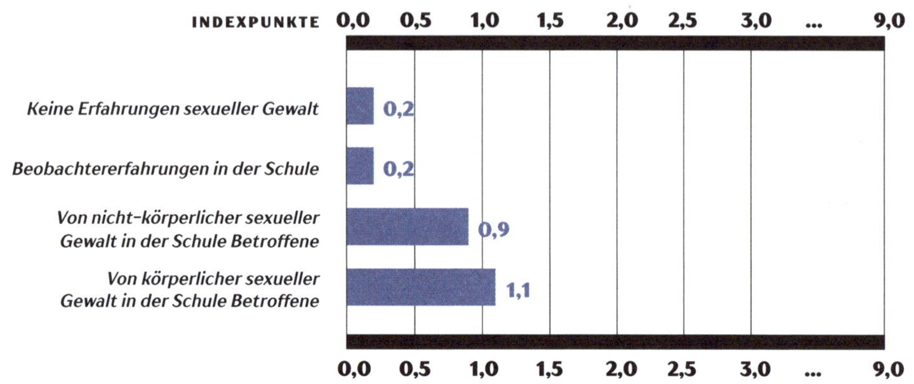

Abb. 36: Mobbingerfahrungen in der Schule je Erfahrungsgruppe (Mittelwerte) | Speak! 843 ≥ n ≥ 81, gewichtete Daten

ZUSAMMENFASSUNG
Ein hoch signifikanter Zusammenhang besteht zwischen der Erfahrung von Mobbing und sexueller Gewalt: Die Jugendlichen, die sexuelle Gewalt erlebt haben (insbesondere körperliche Gewalt), berichten auch verstärkt von Mobbingerfahrungen.

Sämtliche berichteten Zusammenhänge sind hoch signifikant.

Dabei ist zu berücksichtigen, dass die Erfahrungen von Mobbing und sexueller Gewalt nicht unbedingt zeitgleich, sondern auch zeitversetzt haben stattfinden können. Denkbar ist z. B., dass sexuelle Gewalterfahrungen (erhoben haben wir die Lebenszeit-Prävalenz) vor der Zeit der Mobbingerfahrungen (hier wurde das letzte Schuljahr erhoben) liegen.

Mobbing und sexuelle Gewalt: Wir haben, aufgeteilt nach den bekannten Erfahrungsgruppen, geschaut, wie viele Jugendliche aus diesen Gruppen sexuelle Gewalt und Mobbing erleben. Von Mobbing sprechen wir dann, wenn mindestens zwei Statements (Auflistung der Statements unter »Werkzeug«, Kap. 5.5) angegeben wurden und Mobbing »mehrmals im Monat«, »mehrmals in der Woche« oder »(fast) täglich« erlebt wurde. Verbunden ist damit, dass mindestens zwei Gewalthandlungen wiederholt (und über einen längeren Zeitraum) erlebt wurden.

ZUSAMMENFASSUNG
Jeweils ca. ein Viertel der Jugendlichen, die nicht-körperliche oder körperliche sexuelle Gewalt erlebt haben, erleben auch Mobbing in der Schule (dies jedoch nicht zwingend zeitgleich). Für diese Gruppen sind insgesamt hohe Belastungssituationen innerhalb der Schule anzunehmen.

Tabelle 13 zeigt deutlich auf, dass die Jugendlichen, die durch sexuelle Gewalt viktimisiert wurden, bei weitem stärker zusätzlich von Mobbing (im jeweils letzten Schuljahr) betroffen sind – zu 24 Prozent bei nicht-körperlicher sexueller Gewalt und zu 28 Prozent bei körperlichen sexuellen Gewalterfahrungen – als Befragte ohne Erfahrungen mit sexueller Gewalt (mit 5 Prozent). Im Gesamt haben12 Prozent aller Befragten Mobbing im letzten Schuljahr erlebt.

Rang	Keinerlei Erfahrungen sexueller Gewalt	Beobachter-erfahrungen in der Schule	Von nicht-körper-licher sexueller Gewalt in der Schule Betroffene	Von körperlicher sexueller Gewalt in der Schule Betroffene	Gesamt
Kein Mobbing erlebt	95 %	97 %	76 %	72 %	88 %
Mobbing erlebt	5 %	4 %	24 %	28 %	12 %

Tab. 13: Mobbing und sexuelle Gewalterfahrungen je Erfahrungsgruppe | Speak! 843 ≥ n ≥ 81, gewichtete Daten

5.6 KLASSEN-KLIMA

Die Qualität der sozialen Beziehungen – deren atmosphärische »Grundtönung« (Eder) – stellt eine der zentralen Dimensionen mit Blick auf die Erlebnisqualität schulischer Situationen und Ereignisse für die Schüler/innen dar. Damit wird nicht nur das unmittelbare Wohlfühlen der Heranwachsenden in der Klasse bzw. in der Schule beeinflusst, sondern mittelbar auch die Entwicklung der Schulleistungen und anderer Verhaltensmerkmale der Schüler/innen in der Klasse (Zumhasch 2006, S. 144; Raufelder 2010). In verschiedenen Studien zeigt sich, dass je positiver sich das soziale Klima in der Klasse gestaltet, desto seltener kommt es zu physischen wie psychischen Gewalthandlungen in der Klasse (Tillmann et al. 2000, S. 233), desto geringer sind Leistungsangst und Schulverdrossenheit in der Klasse ausgeprägt (Holtappels 2003, S. 192; Maschke & Stecher 2010).

>>> WERKZEUG

Das Frageinstrument umfasst verschiedene Aussagen:

1. »In unserer Klasse ist es für die meisten Schüler/Schülerinnen einfach, Anschluss und Kontakt zu bekommen.«
2. »Wenn es einmal darauf ankommt, halten die Schüler/Schülerinnen unserer Klasse gut zusammen.«
3. »Die meisten Schüler/Schülerinnen verstehen sich richtig gut miteinander.«
4. »Auch wenn wir in der Klasse mal richtig Streit haben, werden die Konflikte rasch und gut gelöst.«
5. » In unserer Klasse werden Mitschüler/Mitschülerinnen oft beleidigt.«
6. »In unserer Klasse werden Mitschüler/Mitschülerinnen oft fertig gemacht.«

Zu den Fragen wurden den Jugendlichen vier Antwortmöglichkeiten vorgegeben: »1 = stimmt nicht«, »2 = stimmt eher nicht«, »3 = stimmt eher« und »4 = stimmt genau«.

Das Klassen-Klima messen wir mittels zweier Faktoren. Der erste Faktor bezieht sich auf »Zusammenhalt in der Klasse«; dazu wurden die Statements 1 bis 4 des Frageinstruments zusammengefasst (Abb. 37). Der zweite Faktor »Beschimpfungskultur« setzt sich aus den Statements 5 und 6 zusammen (Abb. 38). Den Skalenwert einer Person je Faktor ermitteln wir aus der Summe der gegebenen Antworten, geteilt durch die Anzahl der beantworteten zugehörigen Items. Je höher der jeweilige Mittelwert je Faktor, desto ausgeprägter ist der Zusammenhalt bzw. die Beschimpfungskultur.

ZUSAMMENFASSUNG

Das bedeutet, dass Jugendliche, die sexuelle Gewalterfahrungen haben, einen weniger ausgeprägten und weniger positiven Zusammenhalt in der Klasse erleben als Schüler/innen ohne solche Erfahrungen.

Zusammenhalt: Die Mittelwerte auf der Skala zum Zusammenhalt liegen zwischen 2,9 und 3,2 und sind damit der Antwortvorgabe »stimmt eher« recht nah bzw. liegen sogar darüber (Abb. 37). Den Zusammenhalt in den Klassen bewerten die Schüler/innen also im Allgemeinen (eher) positiv. Dies sollte jedoch nicht darüber hinwegtäuschen, dass sich im Vergleich der Gruppe »keine Erfahrungen mit sexueller Gewalt« gegenüber den Gruppen »Beobachtererfahrungen« und (zusammengefasst) »Erfahrungen von Betroffenen mit sexueller Gewalt« signifikante Unterschiede zeigen. Insbesondere in der Gegenüberstellung »keine Erfahrungen mit sexueller Gewalt« und »Erfahrungen mit nicht-körperlicher und körperlicher sexueller Gewalt« zeigen sich deutliche Unterschiede.

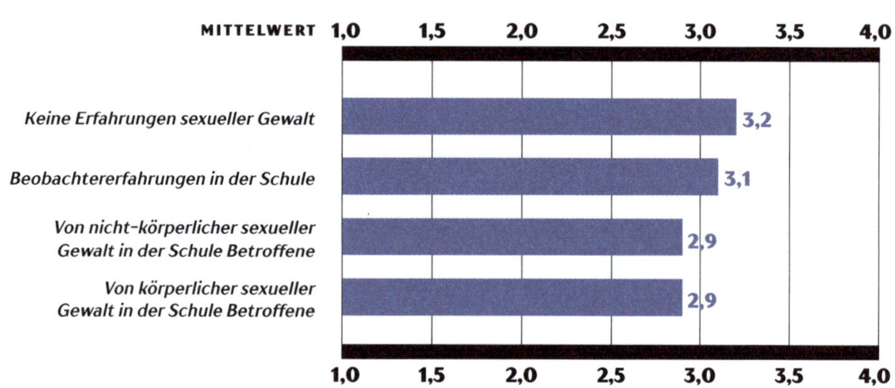

Abb. 37: Wahrnehmung des Zusammenhalts in der Klasse je Erfahrungsgruppe (Mittelwerte) – nach Erfahrungsformen | Speak! n=2.651, gewichtete Daten 843 ≥ n ≥ 81 (*** = p ≤ .001; ** = p ≤ .01; * = p ≤ .05)

Beschimpfungskultur: Analog zu den eben vorgestellten Befunden berichten Jugendliche, die keine Erfahrungen mit sexueller Gewalt haben, seltener davon, dass man in ihrer Klasse beleidigt oder fertig gemacht werden würde (Abb. 38). Der Zustimmungswert steigt bei den Jugendlichen, die sexuelle Gewalt beobachtet haben, leicht an auf 1,9. Ein deutlicher Anstieg ist vor allem aber bei jenen Jugendlichen zu verzeichnen, die nicht-körperliche oder körperliche sexuelle Gewalterfahrungen in der Schule gemacht haben. Sie sagen mit einem Mittelwert von 2,2 deutlich häufiger, dass man in ihrer Klasse beleidigt und fertig gemacht wird.

ZUSAMMENFASSUNG

Jugendliche, die von sexueller Gewalt betroffen sind, nehmen eine deutlichere Beschimpfungskultur in der schulischen Umgebung wahr – also »beleidigt« und/oder von anderen »fertig gemacht« zu werden – als andere Schüler/innen.

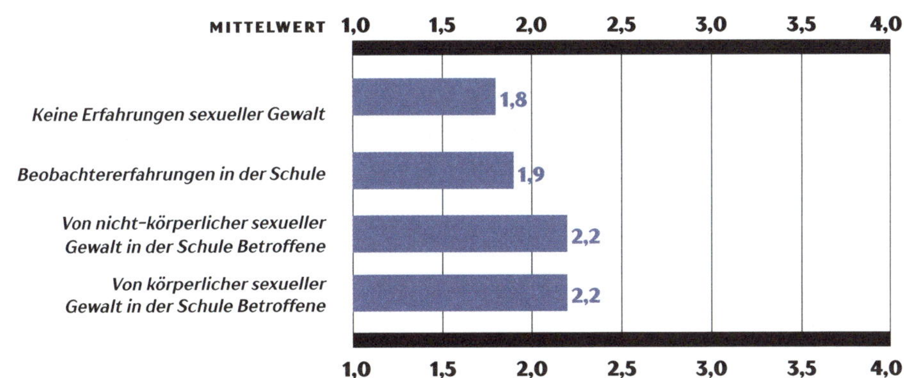

Abb. 38: Beschimpfungskultur | Speak! n=2.651, gewichtete Daten 843 ≥ n ≥ 81 (*** = p ≤ .001; ** = p ≤ .01; * = p ≤ .05)

5.7 ERGEBNISSE IM ÜBERBLICK

Auch hier schließen wir das Kapitel mit einem kurzen Überblick zu den zentralen Befunden ab.

- *Schul- und Lernfreude:* Bei den Schüler/innen, die sexuelle Gewalt erlebt haben (insbesondere körperliche Gewalt), fällt die Schul- und Lernfreude geringer aus als bei Schüler/innen, die keine sexuelle Gewalt erlebt haben.
- *Sicherheitsempfinden in der Schule:* Jugendliche mit Erfahrungen sexueller Gewalt (insbesondere körperlicher Gewalt) fühlen sich in der Schule weniger sicher und wohl als Gleichaltrige, die solche Erfahrungen nicht gemacht haben.
- *Rolle der Lehrer/innen:* Jugendliche mit (insbesondere körperlichen) sexuellen Gewalterfahrungen erleben ihre Lehrer/innen als weniger vertrauensvoll und zugleich stärker zurückweisend.
- *Mobbing:* Die Jugendlichen, die sexuelle Gewalt erlebt haben (insbesondere körperliche Gewalt), berichten auch verstärkt von Mobbingerfahrungen.
- *Klassen-Klima:* Jugendliche mit sexuellen Gewalterfahrungen erleben einen weniger ausgeprägten und weniger positiven Zusammenhalt in der Klasse als Schüler/innen ohne solche Erfahrungen. Außerdem nehmen von sexueller Gewalt Betroffene eine deutlichere Beschimpfungskultur in der schulischen Umgebung wahr.

6 — Wie denken die Jugendlichen über die Befragung Speak!?

»Aufgefallen ist mir, dass gerade in der Schule Mädchen beigebracht bekommen, nicht vergewaltigt zu werden, anstatt Jungen beigebracht wird, nicht zu vergewaltigen.«

Unsere Ergebnisse zeigen, dass sexuelle Gewalt weitverbreitet und ein nicht wegzudiskutierender Teil der Lebensrealität heutiger Jugendlicher ist. Es gibt jedoch Bedenken, ob es vertretbar ist, Jugendliche nach ihren Erfahrungen in diesem Bereich zu befragen und offen mit ihnen darüber zu reden. Diese Bedenken sind dabei häufig weniger wissenschaftlich begründet als vielmehr Teil vager Befürchtungen. An erster Stelle steht dabei u. a. die Angst, von sexueller Gewalt betroffene Jugendliche durch Konfrontation mit diesem Thema zu »retraumatisieren«, sie also erneut zu verletzen. Und auch Jugendliche, die nicht direkt von sexueller Gewalt betroffen sind, könnten durch eine solche Befragung, so die Befürchtung, mit Fragen und Themen konfrontiert werden, die eine verstörende, wenn nicht gar schädigende Wirkung auf sie haben. Darüber hinaus stellt sich die Frage, ob eine standardisierte Befragung in diesem Zusammenhang das geeignete Erhebungsinstrument ist. Andererseits ist es jedoch notwendig, das Thema sexuelle Gewalt offensiv anzugehen und repräsentative Daten zu gewinnen. Dies ermöglicht es, die Heranwachsenden zu stärken und zu ihrem Schutz wirksame Präventionsmaßnahmen entwickeln zu können.

Deshalb haben wir die Jugendlichen gefragt, wie sie selbst über die Befragung denken (Kap. 6.1), und auch, was sie über Sexualität und sexuelle Gewalt wissen wollen (Kap. 6.2; s. ausführlicher Maschke & Stecher i. Erscheinen). Ergänzend werden wir in Kapitel 8 ausführlich beschreiben, wie wir bei der Erhebung vorgegangen sind.

6.1 EINSCHÄTZUNG DER BEFRAGUNG DURCH DIE JUGENDLICHEN SELBST

Wie denken Jugendliche selbst über eine Beschäftigung mit dem Thema »sexuelle Gewalt« im Rahmen dieser Befragung? Am Ende des Fragebogens haben wir die Jugendlichen gebeten, anzugeben, inwieweit sie den Fragebogen als »belastend«, »schwierig« oder »peinlich« empfunden haben. Wir haben die Antwortvorgaben »stimmt eher« und »stimmt genau« zusammengefasst.

Die weit überwiegende Mehrheit der Befragten (gut 80 Prozent) schätzt den Fragebogen als wichtig und interessant ein. Nur jede/r zehnte Befragte schätzt den Fragebogen als peinlich ein und 8 Prozent als schwierig. Auch die Jugendlichen, die sexuelle Gewalt *verübt* haben, sprechen sich zu gut 80 Prozent für die Wichtigkeit der Befragung sowie des Themas aus.

Vergleichsweise selten wird der Fragebogen als belastend empfunden, 9 Prozent der Befragten geben dies an. Eine Ausnahme bildet hier die Gruppe der Jugendlichen, die über mehrere körperliche Erfahrungsformen berichtet. Jede/r fünfte Befragte dieser Gruppe (22 Prozent) gibt an, dass der Fragebogen belastend für sie/ihn war. Von denjenigen, die den Fragebogen als belastend empfunden haben, stuft dennoch die Mehrheit (68 Prozent) den Fragebogen gleichzeitig als wichtig ein. In anderen Worten ausgedrückt: Der Fragebogen wurde zwar von einigen Betroffenen als belastend wahrgenommen, zugleich erachten die Befragten den Fragebogen aber als wichtiges Instrument zur Auseinandersetzung mit dem Thema »sexuelle Gewalt«.

Wir haben in der letzten Frage im Fragebogen die Jugendlichen zusätzlich um eine offen formulierte Einschätzung gebeten: »Der Fragebogen ist hier zu Ende. Wir danken dir sehr herzlich, dass du mitgemacht hast. Wenn du magst und noch etwas Zeit hast, schreibe doch bitte auf, wie du über das Thema sexuelle Gewalt denkst, was du von der Befragung hältst – und uns vielleicht sonst noch sagen möchtest.«

Insgesamt machten 1.201 Schüler/innen von dieser Möglichkeit Gebrauch, das entspricht 45 Prozent aller Befragten. Die Antworten wurden anschließend kodiert (Mehrfachantworten). 44 Prozent derer, die eine Antwort gegeben haben, schätzen die Befragung als wichtig und nützlich ein, 30 Prozent drücken ihre Sorge darüber aus, dass es sexuelle Gewalt überhaupt gibt, und betonen, dass sie sie ablehnen. 20 Prozent der Befragten schreiben, dass mit dem Fragebogen ein relevantes Thema angesprochen wird, 17 Prozent, dass über das Thema mehr gesprochen werden müsste, es kein Tabuthema sein darf, und 11 Prozent bewerten die Befragung als hilfreich, um über sexuelle Gewalt nachzudenken. Nur 3 Prozent kritisieren den Fragebogen wegen unnötiger Fragen, 1 Prozent fand ihn langweilig und ebenfalls 1 Prozent glaubt nicht daran, dass Befragungen wie Speak! Sinn machen.

Einige weitere Einschätzungen beziehen sich auf die *Wirkung* des Fragebogens. 4 Prozent derer, die die letzte Frage beantwortet haben, sagen, dass der Fragebogen dazu beigetragen hat, bewusster mit dem Thema umzugehen, z. B. »Ich hatte vorher gedacht, dass sexuelle Gewalt nur Vergewaltigung ist, aber jetzt weiß ich, dass es viel mehr ist«. 11 Prozent bezeichnen ihn als hilfreich, z. B. »Ich fand den Fragebogen sehr hilfreich, um zu wissen, wie man selber über dieses Thema denkt. Man kommt ans Thema näher ran«. 3 Prozent sprechen von einer entlastenden Wirkung, z. B. »Ich halte die Befragung für ›entlastend‹, weil sie Dinge, über die man selten spricht, anonym beantworten kann, ohne Hintergedanken haben zu müssen« oder »Hier konnte ich endlich mal aufschreiben, was mich so lange belastet hat. Ich finde die Befragung großartig und dafür danke ich euch. Sexuelle Gewalt ist schlimm und sollte nicht passieren!«. Nur 0,5 Prozent (6 Befragte) berichten von einer belastenden Wirkung aufgrund von Erinnerungen, z. B. »Ich habe sowas erlebt und will es nie wieder! Die Person befindet sich Gott sei Dank nicht mehr an der Schule und es ist endlich vorbei. Für mich war es schwer, sowas auszufüllen, da ich mich nicht gerne an DAS erinnere. Alles in allem war es o. k.«. 2 Prozent sprechen von einem Abbau von Schamgefühlen, z. B. »Ich denke, dass man zu wenig darüber redet, natürlich ist es ein sehr peinliches/unangenehmes Thema für Betroffene, aber man weiß gar nicht genau, was jetzt schon zu Belästigung zählt. […] Dieser Bogen hat mir geholfen zu realisieren, dass ich dem Ganzen öfter ausgesetzt bin/war, als mir bewusst war«.

Zu berücksichtigen ist, dass wir nichts über die Einschätzung der Jugendlichen wissen, die die letzte Frage *nicht* beantwortet haben. Insgesamt gesehen geben unsere Befunde jedoch keine dringenden Hinweise darauf, dass Retraumatisierungen durch die Befragung ausgelöst wurden. Was wir jedoch wissen ist, dass die weit überwiegende Mehrheit der Jugendlichen die Befragung positiv bewertet und teils als Anregung nutzt, vertieft über dieses Thema nachzudenken.

6.2 MEHR-WISSEN-WOLLEN UND SPRECHEN ÜBER SEXUELLE GEWALT

»Ich finde, dass die Lehrer besser aufpassen müssen, was manche Schüler sagen. Von einer Schülerin wurde ich oft als Lesbe beleidigt und von einem Jungen (Schüler) angetatscht. Das soll aufhören!«

»Ich würde gerne mehr über Sexuelles erfahren, aber nicht unbedingt von Lehrern im Unterricht.«

Dies sind zwei Statements von Jugendlichen zur letzten Frage im Fragebogen. Sie bringen zum Ausdruck, dass aus ihrer Sicht etwas gegen sexuelle Gewalt getan werden muss, und nennen teilweise auch, was das sein könnte. Insgesamt zeigen die Statements, dass sich die Jugendlichen mit dem Thema der sexuellen Gewalt auseinandersetzen. In diesem Kontext haben wir die Jugendlichen auch gefragt, zu welchen Themen im Zusammenhang mit Sexualität und sexueller Gewalt sie gerne mehr wissen möchten. Zu je (gut) einem Drittel würden Jugendliche gern mehr über sexuelle Gewalt gegen Jugendliche durch Erwachsene und über sexuelle Gewalt unter Jugendlichen wissen. Konkrete Hilfe und Beratung – an wen sie sich wenden können, wenn sexuelle Gewalt erlebt oder beobachtet wurde – wünscht sich ein gutes Viertel der befragten Jugendlichen. Die klassische Aufklärung (Schwangerschaftsverhütung etc.) wird von 22 Prozent genannt und Fragen zur Partnerschaft (Rolle von Mann/Frau) von 18 Prozent. 13 Prozent der Jugendlichen wollen gern mehr zur Pornografie wissen.

Die entsprechenden Prozentsätze für Mädchen und Jungen gibt Abbildung 39 wieder. Mädchen sind in allen Bereichen (mit Ausnahme des Themas »Pornografie«) zu weitaus höheren Anteilen daran interessiert, mehr zu wissen. Die Motivation, sich mit Fragen von Sexualität und sexueller Gewalt zu beschäftigen, ist zwischen den Geschlechtern also deutlich ungleich ausgeprägt.

Unterschiedliche Betroffenengruppen: Von sexueller Gewalt betroffene Jugendliche (ohne Abb.) wollen auch zu größeren Anteilen mehr über die verschiedenen Bereiche von sexueller Gewalt und Sexualität wissen. Auch Jugendliche, die sexuelle Gewalt beobachtet haben, wollen zu höheren Anteilen mehr über sexuelle Gewalt wissen als die, die so etwas nicht beobachtet haben.

Sprechen über sexuelle Gewalt: Wir haben darüber hinaus gefragt (ohne Abb.), ob die Jugendlichen das Thema sexuelle Gewalt mit Freunden, im Unterricht oder Zuhause besprechen. Über die Hälfte der Befragten (59 Prozent) spricht nach eigenen Angaben »nie« über sexuelle Gewalt mit den Eltern, knapp die Hälfte (47 Prozent) spricht auch nie im Unterricht darüber und ein etwas kleinerer Anteil (43 Prozent) auch nicht mit Freunden oder in der Clique. Deutlich wird, dass Jugendliche vor allem in der Familie mehrheitlich *nicht* über das Thema sexuelle Gewalt sprechen.

ZUSAMMENFASSUNG
Deutlich wird, dass Jugendliche vor allem in der Familie mehrheitlich nicht über das Thema sexuelle Gewalt sprechen.

»Sexuelle Gewalt ist meiner Meinung nach ein wichtiges Thema. Jugendliche sollten über das Thema aufgeklärt sein und wissen, wie sie anderen Personen, die damit ein Problem haben, helfen können. Außerdem findet in Deutschland viel zu viel sexuelle Gewalt statt und viele trauen sich nicht, darüber zu reden. Ich finde dies sollte man ändern.«

ZU WELCHEN THEMEN IM ZUSAMMENHANG MIT SEXUALITÄT UND SEXUELLER GEWALT MÖCHTEST DU GERNE MEHR WISSEN?

ANTEILE MÄDCHEN

34
*Hilfe/Beratung an wen wenden, wenn ich sex. Gewalt erlebt/beobachtet habe?****

43
*Sexuelle Gewalt unter Jugendlichen****

11
Pornografie

27
*Aufklärung (Schwangerschaftsverhütung; Schutz vor Aids; Sexualität etc.)***

22
*Partnerschaft Rolle von Mann/Frau; homosexuelle/lesbische Beziehungen)****

46
*Sexuelle Gewalt gegen Jugendliche durch Erwachsene****

ANTEILE JUNGEN

24
*Sexuelle Gewalt gegen Jugendliche durch Erwachsene****

17
*Aufklärung (Schwangerschafts-verhütung; Schutz vor Aids; Sexualität etc.)****

14
Pornografie

18
*Hilfe/Beratung an wen wenden, wenn ich sex. Gewalt erlebt/ beobachtet habe? ****

13
*Partnerschaft Rolle von Mann/Frau; homosexuelle/lesbische Beziehungen)****

25
*Sexuelle Gewalt unter Jugendlichen****

7 — Prävention – Was tun!?

»Ich hätte gerne mit meinen Eltern darüber geredet, oder jemandem, der mir einfach nur zuhört.«

In diesem Kapitel wollen wir, gestützt auf die empirischen Befunde der vorangegangenen Kapitel, Ideen und Konzepte zur Prävention sexueller Gewalt diskutieren. Einer der Hauptbefunde aus Speak! bezieht sich darauf, dass sexuelle Gewalt unter Gleichaltrigen weitverbreitet ist und sie eng mit den verschiedensten Facetten der Erfahrungs- und Lebenswelt, in der Jugendliche sich unter Jugendlichen bewegen, verwoben ist. Dieser zentrale Befund ist aus unserer Sicht auch einer der wesentlichen Dreh- und Angelpunkte für Überlegungen zur Prävention.

Um geeignete Präventionsangebote entwickeln zu können, ist es für uns wichtig, die Phase der Jugend zu verstehen – auch in ihren Widersprüchlichkeiten und besonderen Herausforderungen. Dies ist bedeutsam, um eine Haltung gegenüber sexueller Gewalt Peer to Peer einnehmen zu können. Ein Ansatz zum tieferen Verständnis liegt in dem spannungsreichen Verhältnis zwischen Eigenständigkeit und Verletzlichkeit in der Jugendphase. In der Pädagogik und Erziehungswissenschaft verstehen wir Jugendliche als aktiv ihre Biografie und ihre Umwelt (Mit-)Gestaltende (Krüger, Deinert & Zschach 2012, S. 15), betont wird die eigenständige und erfolgreiche Arbeit am eigenen Ich und am eigenen Lebensweg.

Zugleich stellt vor allem der Übergang von der Kindheit in die Jugend, in dem verschiedene Entwicklungsaufgaben (Havighurst 1974) bewältigt werden müssen – Ablösung vom Elternhaus, Verselbstständigung, neue (auch sexuelle) Erfahrungen, viele »erste Male« –, hohe Ansprüche an die Heranwachsenden. Hervorzuheben sind insbesondere die Herausforderungen, die sich aus den erweiterten Spielräumen für Selbstbestimmung u. a. durch Konsumangebote und über Kommunikationsmedien ergeben. Dazu zählt die wachsende

»Sexualisierung des Körpers« mit den vielfältigen Möglichkeiten zur »Ausgestaltung von Geschlechterrollen, der sexuellen Orientierung, des Auslebens von Sexualität, des Verständnisses von Intimität etc.«, zwischen denen Jugendliche wählen müssen (Vogelsang 2017, S. 53). Hinzu kommen die Veränderungen des Körpers während der Pubertät; sie sind rasant und nicht kontrollierbar, »der Körper macht etwas mit dem Jugendlichen« (Frohmann 2003, S. 144). Im Zentrum steht die Aufgabe, mit »dem eigenen Erscheinungsbild identisch zu werden«, den eigenen Körper »bewohnen« zu lernen (Fend 1994, S. 115).

Neben der verstärkten Selbsttätigkeit und Eigenverantwortung im Jugendalter spielen auch Selbstzweifel und Orientierungsunsicherheiten eine große Rolle (Vogelsang 2017, S. 48). Die Jugendphase, und im Besonderen der Übergang in die Jugend, stellt damit eine besondere »Zone der Verwundbarkeit« (Castel 2000) dar. Jugendliche sind aus dieser Sicht (potenziell) vulnerabel – und bewegen sich in einem Spannungsfeld zwischen (zunehmender) Eigenständigkeit und Verletzlichkeit. Für die pädagogische Arbeit im Bereich Sexualität wie auch hinsichtlich der Prävention gegen sexuelle Gewalt ist dieses Spannungsverhältnis konstitutiv.

7.1 DIE GLEICHALTRIGEN – CHANCE ODER RISIKO?

Im Folgenden wenden wir uns der Bedeutung der Peers zu. Dadurch, dass die Orientierungshilfen traditioneller Institutionen wie Kirche, Schule oder Familie zunehmend wegfallen (Vogelsang 2017, S. 52), übernehmen die Gleichaltrigen immer mehr wichtige Sozialisations- und Orientierungsfunktionen (Youniss & Smollar 1985). Durch die Sozialisation im Rahmen ihrer Peers entziehen sich Heranwachsende »pädagogisch-normativen Zielvorstellungen und erzieherischen Methodiken« (Hurrelmann 2002, S. 156). Ein Prozess, der durch »teilweisen Rückzug der Eltern, Verwandten und Schulpädagogen aus dem Erziehungsprozess« (Hurrelmann 2002, S. 156) verstärkt wird. Peers sind größtenteils, so lässt es sich ein wenig überspitzt formulieren, auf sich selbst gestellt. Darauf verweisen unsere Ergebnisse bspw. zu der Frage, mit wem Jugendliche über sexuelle Gewalterfahrungen sprechen (s. Kap. 3.5). Sie tun das vor allem mit den Freunden und Freundinnen.

Zu problematisieren ist, dass mit dem Rückzug der Erwachsenen aus dem Erziehungsprozess zugleich ein Vertrauens- und Orientierungsverlust einhergehen kann, der ein Klima für sexuelle Gewalthandlungen begünstigt. Keupp et al. (2017, S. 49) zeigen z. B. mit Blick auf die strukturellen Ermöglichungsmerkmale von sexueller Gewalt an einem konfessionellen Internat auf, dass ein Klima der Sexualisierung, der Duldung oder gar Förderung zahlreiche sexuelle Übergriffe begünstigt hat, auch unter den Schüler/innen selbst. »Niemand stand zur Verfügung, der mit ihnen ins Gespräch gekommen wäre, was in diesem Bereich als ›angemessen‹ oder ›unangemessen‹ zu bewerten gewesen wäre; niemand ermunterte sie dazu, ein genaues Gespür für Intimität, für eigene körperliche Grenzen und für die körperlichen Grenzen der Mitschüler zu entwickeln« (Keupp et al., S. 87). Und Sielert (2011, S. 27) weist darauf hin, dass das Auftreten sexueller Gewalt immer mit einem »Umfeld mit mangelnden Standards und Spielregeln, aber auch blinden Flecken bei der Wahrnehmung von Macht und Sexualität bzw. [...] bei der Gestaltung von Nähe und Distanz« einhergeht. Erwachsene, u. a. Lehrkräfte, pädagogische Fachkräfte und Eltern, sind also gefordert, ihre Erziehungsverantwortung wahrzunehmen, hinzuschauen und zu handeln.

Wir können festhalten, dass die Altersgleichen oder Peers zu »unentbehrlichen Umwelten« im Entwicklungsprozess der Heranwachsenden geworden sind (Fend 1998, S. 231). In Aushandlungsprozessen, »die notwendigerweise unter Peers verlaufen müssen« (Fend 1998, S. 241), erfolgt die Ausgestaltung der geschlechtlichen Identität. Keine anderen, erwachsenen Personen, können dies ersetzen. Solche Aushandlungen verlaufen jedoch keinesfalls immer reibungslos, »nicht nur harmonisch und konfliktfrei [...], sondern in einem Prozeß ambivalenten und widerspruchsintensiven Aushandelns, Auskämpfens und manchmal auch Überwältigens und Dominierens« (Fend 1998, S. 241; Maschke & Stecher 2010). Von Peers gehen also nicht nur positive, sondern auch negative Handlungen und Einflüsse aus, die die Identitätsbildung nachhaltig beeinflussen können (Ecarius, Hößl & Berg 2012, S. 163). Zentrale Persönlichkeits- bzw. Entwicklungsmerkmale wie das Selbstbild oder die allgemeine psychosoziale Befindlichkeit hängen also in einem hohen Maße von der Akzeptanz durch die Peers ab (Hoffmann 2005). Daran wird deutlich, welche negativen Auswirkungen sexuelle Gewalt Peer to Peer für die Betroffenen und deren Identitätsbildung haben kann.

Die Aushandlungsprozesse Peer to Peer mit Blick auf den Entwicklungsbereich der Sexualität sind äußerst spannungsreich. Heranwachsende treffen im alltäglichen Miteinander auf situative Uneindeutigkeiten und Ambivalenzen. Die Einschätzung, was richtig und was falsch in diesen Situationen ist, fällt oft nicht leicht. »Der Übergang zwischen [...] pubertärem Verhalten und einem übergriffigen Verhalten ist fließend« so Allroggen, Rau und Fegert (2012, S. 36). In diesen Situationen können Jugendliche durch Peers sexuelle Gewalt erfahren. Sie können aber auch indirekt betroffen sein, indem sie zu Beobachter/innen sexueller Gewalt werden. Und sie können auch selbst sexuelle Gewalt ausüben. All dies wirkt sich auf die Identitätsbildung, das Selbstkonzept etc. aus und muss deshalb Gegenstand von Prävention sein. Unsere Befunde verdeutlichen aber auch, dass die Jugendlichen über ihre sexuellen Gewalterfahrungen vor allem mit ihren Freunden und Freundinnen sprechen. Die Gleichaltrigen sind in diesem Sinne nicht nur ein Risiko, sondern auch wichtige Unterstützer/innen.

Weitere Ergebnisse von Speak! zeigen, dass unterschiedliche Einstellungen zur Sexualität mit der Häufigkeit des Pornokonsums verbunden sind. Gehen wir mit Krahé (2009) davon aus, dass über Pornos sexuelle Rollenskripte verbreitet werden, die auf Macht, Gewalt und Dominanz von Männern gegenüber Frauen aufbauen, und betrachten wir die weite Verbreitung von Pornokonsum – vor allem unter männlichen Jugendlichen – sehen wir hier neben der Beschimpfungskultur einen klaren Schwerpunkt für die Präventionsarbeit. Zusammenfassend können wir festhalten, dass sich die Jugendphase, insbesondere der Übergang von der Kindheit in die Jugend, zwischen Herausforderung und Überforderung bewegt, zwischen biografischen Chancen und Risiken. Einerseits steckt im Übergang mit all den neuen Erfahrungsanlässen – die Gewohnheiten, altvertraute Sichtweisen, Werte und Orientierungen auf den Prüfstand stellen – ein hohes Bildungs- und Entwicklungspotenzial. Andererseits kann der Übergang mit all seinen Ansprüchen zu selbstständigen Entscheidungen bei gleichzeitig hohen Freiheitsgraden (und wenig Orientierungshilfen durch Erwachsene) auch überfordern bzw. zum Risiko werden. Aus dieser Spannung heraus ergibt sich eine erhöhte Verletzlichkeit gerade für Jugendliche durch andere Jugendliche.

7.2 BESTEHENDE PRÄVENTIONSMAßNAHMEN GEGEN SEXUELLE GEWALT UND NEUE ASPEKTE DER SEXUELLEN GEWALT UNTER JUGENDLICHEN

Was können Erwachsene tun, Pädagogen und Pädagoginnen, Lehrkräfte und Eltern? Die Aufgabe ist es, so könnte man die Überlegungen des vorangegangenen Abschnitts zusammenfassen, die Jugendphase als eine der »Wechselwirkung von Autonomie und Abhängigkeit, Kompetenz und Verletzlichkeit« (Andresen & Künstler 2015, S. 332) zu verstehen. Aus dieser Sicht darf Präventionsarbeit nicht in eine »autoritäre generationale Ordnung [zurückfallen]« (Andresen 2016, S. 23), darf nicht bevormunden. Darüber hinaus gilt es, kritisch zu prüfen, ob und in welcher Weise pädagogische Settings selbst »Verletzlichkeit mit verursachen« (Andresen 2016, S. 24) – bspw. in der Schule durch Wegschauen. Im Folgenden werden wir uns näher mit verschiedenen Aspekten der Prävention beschäftigen, die sich aus diesen Überlegungen ergeben.

Zunächst ist zu konstatieren, dass es zum Thema der sexuellen Gewalt unter Gleichaltrigen (Peer to Peer) keine spezifisch darauf ausgerichteten Programme gibt. Die Ansätze zur Vorbeugung von sexueller Gewalt, die im Folgenden skizziert werden, richten den Schwerpunkt vor allem auf sexuelle Gewalt von Erwachsenen gegenüber Kindern und Jugendlichen in pädagogischen Kontexten. Kindler (2014) hat einige der wichtigsten in ihrer Hauptstoßrichtung einer kritischen Betrachtung unterzogen.

Thematisierung von sexueller Gewalt: Eine Herangehensweise von Präventionskonzepten ist es, sexuelle Gewalt überhaupt zu thematisieren. Im Mittelpunkt stehen dabei Informationen zur sexuellen Gewalt, das Erkennen und Einschätzen risikoreicher Situationen, die Möglichkeiten, diese zu beenden, und zudem die Bestärkung, sich nahestehenden Menschen zu öffnen, sich ihnen anzuvertrauen (Kindler 2014, S. 81). Informationen zu geben – bspw. über die Verbreitung bestimmter Formen sexueller Gewalt, über besonders risikoreiche Orte oder hauptsächliche Täter/innen – ist hinsichtlich des Phänomens der sexuellen Gewalt unter Jugendlichen ein erster Schritt, reicht aber mit Blick auf unsere Befunde nicht aus. Vielmehr müssen sich diese Informationen verknüpfen mit einer Sensibilisierung für die Wirkungen, die für die Betroffenen von sexueller Gewalt ausgehen, insbesondere auch dort, wo die Gewalt in der scheinbar alltäglichen Form der sexualisierten Beschimpfungskultur Jugendlicher zum Ausdruck kommt.

Stärkung von Selbstvertrauen und Selbschutzfähigkeiten: Eine weitere Herangehensweise in den Programmen, so Kindler (2014, S. 81), bezieht sich auf die »Förderung des Selbstvertrauens und der Selbstschutzfähigkeit« von Kindern und Jugendlichen, verknüpft mit dem Begriff des Empowerment. Den Schwerpunkt bilden dabei die »Förderung von Selbstvertrauen, positivem Körpergefühl und teilweise auch physischen Selbstverteidigungsfähigkeiten [...]. Das Hauptproblem dieses Ansatzes ist, dass er so sympathisch und einleuchtend wirkt und gleichzeitig dessen Wirksamkeit nicht nachgewiesen ist« (Kindler 2014, S. 81). Eine solche Förderung des Selbstvertrauens und der Schutzfähigkeit Jugendlicher lässt sich allerdings aus unserer Sicht gut mit der Thematisierung sexueller Gewalt im Jugendalter verknüpfen: Wo beginnen sexuelle Gewalthandlungen? Welchen Mechanismen folgen sie? Wie können Peers auf Peers im Falle einer Grenzverletzung angemessen reagieren? Im Bereich der sexuellen Gewalt unter Jugendlichen bewegen sich einige Gewaltformen im (nicht immer deutlichen) Grenzbereich zwischen pubertären Verhaltensweisen und sexueller Übergriffigkeit. Teilweise gehen sie mit einem wenig ausgeprägten Unrechtsbewusstsein (»war doch keine große Sache«) einher bzw. auch mit wenig reflektierten Vorstellungen von Partnerschaft, Geschlechterbildern etc. Hier gilt es, die Reichweite, Bedeutung und Wirkung sexueller Gewalthandlungen zu thematisieren, bewusst und wahrnehmbar zu machen. Gerade im Graubereich zwischen alterstypischen Aushandlungsprozessen und sexueller Übergriffigkeit gilt es, das Selbstvertrauen der Jugendlichen zu stärken, sodass sie Grenzen erkennen und benennen können.

»Stärkung der Schutzfähigkeiten von Erwachsenen«: Auf die Stärkung von Erwachsenen, Eltern, Lehrkräften und anderen pädagogischen Fachkräften zielt ein weiterer Aspekt. Die Frage ist, mit welchen Hilfen, Schulungen etc. Bezugspersonen darin unterstützt werden können, ihre »Schutzrolle« (Kindler 2014, S. 82) gut auszufüllen. Jedoch, so Kindler (2014, S. 82): »Inwieweit Fortbildungen für Fachkräfte Einrichtungen in den Augen von Kindern mehr zu einem vertrauenswürdigen und sicheren Ort machen, ist bislang allerdings ebenso unbekannt wie Auswirkungen auf die Qualität des tatsächlichen Schutzhandelns im Fall bekannt werdender sexueller Gewalt.« Bezogen auf sexuelle Gewalt unter Jugendlichen im schulischen Kontext ist von allen schulischen Akteuren eine reflexive und präventive Haltung gefordert, die blinde Flecken beleuchtet und Strategien des Hinschauens, Benennens und angemessenen Handelns beinhaltet.

Pädagogische Institutionen: Kindler wendet sich auch der strukturellen Prävention sexueller Gewalt in pädagogischen Einrichtungen zu. Fragen, die aus dieser Perspektive beantwortet werden, beziehen sich u. a darauf, welche strukturellen Merkmale von Institutionen sexuelle Gewalt eher begünstigen oder welche dem eher entgegenstehen (2014, S. 84). Hier geht es um einen

Perspektivwechsel, der insbesondere das Thema der sexuellen Gewalt Peer to Peer im schulischen Kontext betrifft. »Einrichtungen werden nicht mehr als bloß zufälliger Schauplatz bestimmter Vorkommnisse oder Mit-Opfer böswilliger Einzeltäter gesehen, sondern als zwangsläufig beteiligt, indem sie Übergriffe eher erschweren oder wenig dagegen tun« (Kindler 2014, S. 84).

Schulklima: Faktoren, die das Auftreten sexueller Gewalt mit der schulischen Kultur erklären, beziehen sich z. B. auf das Schulklima oder die Größe der Schule bzw. Klasse (z. B. Attar-Schwartz 2009). Betont werden damit die Aspekte der innerschulischen Lern- und Erziehungsumwelt. Ein positives Schulklima, das sich u. a. durch gute Sozialbeziehungen unter den Schüler/innen und zwischen Schüler/innen und Lehrkräften auszeichnet, ermöglicht ein positives Erziehungsverhalten, das sexuelle Gewalt hemmt (Schubarth 2010; auch Tillmann et al. 2000). Wir konnten in Speak! zeigen, dass Schüler/innen, die sexuelle Gewalt in der Schule erlebt haben, die Beziehung zu ihren Lehrer/innen als weniger vertrauensvoll beschreiben als Gleichaltrige ohne solche Erfahrungen und auch bei den Lehrer/innen stärker eine zurückweisende Haltung wahrnehmen. Dies unterstützt die Bedeutung des Schulklimas zumindest von der Seite der Wahrnehmung der Schüler/innen her. Wir haben zudem die hohe Zahl derer vor Augen (51 Prozent), die sexuelle Gewalt im schulischen Bereich beobachtet haben, oft mehrfach. Sexuelle Gewalt scheint sich also vor allem in einer schulischen Umgebung zu zeigen, in der ein solches Verhalten stillschweigend toleriert wird. Beim Umgang mit sexuellen Übergriffen spielen zudem die Einstellungen und Haltungen der Lehrkräfte gegenüber dem Gewaltproblem und ihr Verhalten in konkreten potenziell gewalthaltigen Konfliktsituationen eine zentrale Rolle (Schubarth 2010; Fineran & Bolen 2006; Timmerman 2004).

Zusätzlich zu den bisherigen Überlegungen ergeben sich aus der Recherche zu aktuellen Schutzkonzepten und Präventionsansätzen weitere Überlegungen und Fragen.

- Sexuelle Gewalt sollte ein fortlaufendes Thema in der Schule und anderen pädagogischen Institutionen sein. Es genügt nicht, punktuell beim Auftreten entsprechender Fälle zu reagieren.
- Neuere Ansätze, Jugendliche bei der Entwicklung von Schutz-Konzepten zu beteiligen, müssen auf geteilte Verantwortung von Erwachsenen und Jugendlichen setzen und einen andauernden Dialog über derartige Themen gewährleisten (Moore 2017).
- Liegt die Verantwortung bei einer einzelnen Fachperson bzw. einer/m Zuständigen in einer Institution, besteht die Gefahr, dass die Verantwortung aller an die Zuständigkeit einer einzelnen Person »delegiert« wird. Ziel sollte es jedoch sein, dass das gesamte Kollegium an »einem Strang« zieht. Dabei beginnt die Umsetzung eines Schutz- oder Präventionskonzeptes in Institutionen »mit der Übernahme von Verantwortung durch die Leitungskräfte sowie deren eindeutiger Haltung gegenüber grenzverletzendem Verhalten« (Wolff 2014, S. 104).
- Um nachhaltig einen Präventionsansatz implementieren zu können, sollten alle Akteure so weit wie möglich in diese Entwicklungsprozesse partizipativ eingebunden werden.

- Moore (2017) weist darauf hin, dass zu überlegen ist, wie das Wissen, das Denken und die Ressourcen der Jugendlichen – partizipativ – in die Entwicklung präventiver Programme eingebracht werden können.
- Zu kritisieren ist bei vielen Programmen und Konzepten, dass sie zwar durchgeführt, deren tatsächlicher Nutzen und Wirkung jedoch nicht wissenschaftlich geprüft bzw. evaluiert wird (Kindler 2014).

In Anbetracht der Komplexität der Ursachen, Hintergründe und Ermöglichungsstrukturen für sexuelle Gewalt wird deutlich, dass es nicht ausreicht, den Fokus auf eine der oben beschriebenen präventiven Herangehensweisen zu legen. Vielmehr geht es um eine Kombination verschiedener Vorgehensweisen, damit eine starke präventive Kraft entfaltet werden kann. Grundlagen hierfür sollen die Überlegungen im folgenden Abschnitt schaffen.

7.3 SEPP: SENSIBILISIERENDE PRÄVENTION DURCH PARTIZIPATION

Unsere Überlegungen beziehen sich auf ein Vorgehen, das wir als »Sensibilisierende Prävention durch Partizipation« bezeichnen. Im Mittelpunkt steht die Prävention sexueller Gewalt unter Gleichaltrigen (Peer to Peer), die mit ihren unterschiedlichen Erscheinungsformen innerhalb und außerhalb von Schule stattfindet – aber insgesamt im schulischen Kontext bearbeitet werden sollte. Schule ist der Ort, an dem Jugendliche Tag für Tag zusammen sind. Das ist mit Blick auf den Bereich der sexuellen Gewalt sowohl ein Problem als auch eine Chance. Wir konnten zeigen, dass (vor allem nicht-körperliche) sexuelle Gewalt häufig in der Schule stattfindet, und dass darunter das Sicherheitsempfinden der Jugendlichen leidet. Dies trifft auch auf die »stillen Beobachter/innen« sexueller Gewalt zu. Das ist das Problem. Zugleich erreicht Schule alle jungen Menschen. Und sie kann auch eine große Zahl an Eltern einbeziehen. Gerade darin liegt die Chance. Die Präventionsarbeit sollte sich dabei nicht nur auf das konzentrieren, was Schule als »Tatort« ausmacht. Vielmehr sollten alle jugendtypischen sexuellen Gewaltformen und -kontexte zum Thema gemacht werden, wie sexuelle Gewalt in intimen Teenagerbeziehungen, im Internet, Wirkungen des Pornografiekonsums etc.

Die Frage war: Was können wir als Erwachsene, Pädagog/innen, Lehrkräfte und Eltern tun, um sexueller Gewalt entgegenzuwirken? Dazu war unsere Aussage: Es ist wichtig, Kinder und Jugendliche in ihrer (potenziellen) Verletzlichkeit wahrzunehmen und ihre Sicherheit zu gewährleisten, zugleich aber dem Bedürfnis der Heranwachsenden nach Freiraum, Eigengestaltung und Mitwirkung nachzukommen. Dies stellt besondere Anforderungen an den Sozialisations- und Erfahrungsraum Schule.

All dies sollte – und das bildet die Basis für das hier vorgestellte Konzept – partizipativ, unter gleichberechtigtem Einbezug jugendlicher wie erwachsener Akteure erfolgen. Damit bilden die folgenden drei Aspekte den Ausgangspunkt des Konzepts.

- Jugendliche sind verletzlich vor allem in der Phase des Übergangs Kindheit und Jugend, aber auch in der Jugendphase selbst. Dies müssen Erwachsene stärker zur Kenntnis nehmen und zur Grundlage ihrer pädagogischen Arbeit machen.
- Zugleich haben Jugendliche Ressourcen und Kompetenzen, die sich auf die (Mit-)Gestaltung ihrer Umwelt beziehen. Diese gilt es einzubinden und zu stärken.
- Die Basis für beides bildet Partizipation.

Die nachfolgenden Ausführungen geben keine Präventions-»Rezepte« an die Hand. Wichtig ist uns, dass wir verschiedene Faktoren und Bedingungen benennen wollen, die – mit Blick auf die Befunde der Studie Speak! – mögliche Gelingensfaktoren für Prävention darstellen. Die Initiierung von nachhaltigen Bildungsprozessen spielt dabei eine große Rolle. Ziele von SePP sind:

- **Kurz- und langfristig:** Jugendliche vor Viktimisierung und Täterschaft schützen.
- **Langfristig:** Sensibilisierung aller Beteiligten zum Themengebiet der sexuellen Gewalt; sensibler Umgang mit Sprache, die Vermittlung von Rechten, Handlungskompetenzen und Wissen über sexuelle Gewalt, die Wahrnehmung von Grenzen, sexuelle Bildung und eine Sensibilisierung für gesellschaftliche Geschlechterverhältnisse und -klischees.
- **Langfristig:** Im Bildungs- und Sozialisationsraum Schule Angebote entwickeln, die auf Verstehen, Reflektieren und Orientierung aller schulischen Akteure zielen. Im Vordergrund steht die Initiierung von Bildungsprozessen, die Haltungen (Einstellungen, Sichtweisen etc.) verändert. Mit Blick auf erwachsene schulische Akteure liegt das Ziel in der Entwicklung einer »pädagogischen Grundhaltung« gegen sexuelle Gewalt (Wolff 2014, S. 102).

Im Mittelpunkt der Überlegungen zur Prävention steht ein Verständnis, das an das Bildungs- und Veränderungspotenzial des Menschen (das im Jugendalter und in Übergängen besonders ausgeprägt ist) anknüpft. Reflexion und Veränderung von Handlungsstrategien sind das Ziel – sowohl mit Blick auf die Lehrkräfte und pädagogischen Fachkräfte als auch auf die Jugendlichen. Für Lehrkräfte kann dies bedeuten, dass sie sensibler wahrnehmen und hinschauen, nachfragen, auch intervenieren. Für Jugendliche, dass sie ein »Feeling« für kritische Situationen entwickeln, zu benennen wissen, was sie stört usw. Dies ist, das muss hier betont werden, eine längerfristige Aufgabe. Nachfolgend einige Gelingensbedingungen, die es im Rahmen von SePP zu berücksichtigen gilt.

Gelingensfaktoren Aneignung und Vermittlung: Vermittlung z. B. in der Schule in diesem Sinne heißt, dass sie Voraussetzungen dafür schaffen muss, dass (selbsttätige) Aneignungs-, Lern- und vor allem Bildungsprozesse möglich werden (Walther, Hof & Meuth 2014). Dazu zählen ausreichende zeitliche Ressourcen ebenso wie geeignete Räume, Materialien, unterstützende Personen und Organisationen (bspw. Beratungsstellen). Von Bedeutung ist dabei ein Vermittlungsrahmen, der nicht nur auf die Weitergabe von Informationen abzielt, sondern Bildungsprozesse anstößt (Maschke 2013; Maschke & Hentschke im Erscheinen).

Gelingensfaktor biografische Anschlussfähigkeit: Damit Aneignung gelingt, sollten wir außerdem bedenken, dass jedes Wissen, insbesondere das Schulwissen, von »geringer Halbwertszeit« ist, wenn es »biographisch irrelevant« (Helsper 2002, S. 97) bleibt. Aus dieser Sicht kommt es darauf an, bei der Vermittlung an die biografische Erfahrungsebene aller Akteure, insbesondere aber an die der Jugendlichen anzuschließen. Nur dann, wenn eine biografische Anschlussfähigkeit bzw. Relevanz besteht, lassen sich die Akteure »intensiv auf die neuen Erfahrungsräume und die sich dort bietenden Orientierungsgehalte ein […], dass diese schließlich zu den eigenen werden« (Nohl, Rosenberg & Thomsen 2015, S. 243). Anschlussfähig ist bspw. alles, was mit der Erfahrungs- und Lebenswelt Jugendlicher zu tun hat, mit den Fragen, die sie in den herausfordernden Jugendjahren besonders beschäftigen und irritieren. Also Impulse zu Sexualität, Partnerschaft, sexueller Gewalt, Pornografie etc. Impulse, die bei erwachsenen schulischen Akteuren eingesetzt werden können, beziehen sich

z. B. auf bisher »gemiedene« uneindeutige Situationen im schulischen Alltag, um Fragen der Differenzierung von jugendlicher und erwachsener Sexualität etc. Hieran gilt es anzuknüpfen, zu motivieren und »mitzunehmen«.

Gelingensfaktor Partizipation: Bildungsprozesse, die zu einer veränderten Wahrnehmung und Sensibilisierung führen, sind nur möglich in einem Rahmen, der Jugendliche von Anfang an in die Entwicklung der Maßnahmen, bei der Auswahl von Methoden und Materialien – im Sinne des partizipativen Ansatzes – aktiv einbezieht (Rudolf-Jilg 2008, S. 28). Was Partizipation betrifft, existieren verschiedene Ansätze. Bei allen findet sich jedoch, dass »die aktive Einbeziehung und Stärkung (Empowerment) der Menschen [...] ein wesentliches Merkmal [...] ist« (Rudolf-Jilg 2008, S. 28). Zentral ist zudem »eine gleichberechtigte Zusammenarbeit der einbezogenen Perspektiven, die auf einem Dialog basiert« (Brandes & Schaefer 2013, S. 132). Erst mit der Entwicklung von Allianzen zwischen Erwachsenen und Jugendlichen können Strategien gemeinsam kreiert werden, die Heranwachsende vor negativen Folgen schützen und ihre Verletzlichkeit und ihr Risiko vor Viktimisierung eindämmen (Moore 2017). Das partizipative Vorgehen knüpft sich unserem Verständnis nach an einen »advokatorischen« Auftrag pädagogischen Handelns (Brumlik 2013, S. 8), der die Perspektive Heranwachsender angemessen einbringt. In den Worten eines Jugendlichen: »Ich finde, dass das Thema sexuelle Gewalt sehr wichtig ist und jeder die Möglichkeit haben sollte, darüber zu reden. Der Fragebogen war zwar sehr intim, aber es ist wahrscheinlich für Jugendliche ein guter Anfang, sich über ihre Erfahrungen zu äußern und zeigt ihnen, dass sie sich nicht dafür schämen und verstecken müssen.«

7.4 WEITERE ANKNÜPFUNGSPUNKTE ZUR PRÄVENTION AUS DEN ERGEBNISSEN DER STUDIE SPEAK!

- Mit Blick auf die Rolle der Peers als Risikoquelle scheint es uns wichtig, dass der präventive Fokus, neben sexuellem Missbrauch von erwachsenen Täter/innen gegenüber Kindern/Jugendlichen als Opfer, zusätzlich auf sexuelle Gewalt Peer to Peer im schulischen und außerschulischen Kontext gerichtet wird.
- Die Peers können einerseits als Gruppe angesehen werden, von der ein hohes Risiko für sexuelle Gewalthandlungen ausgeht. Andererseits aber auch als Gruppe, die eine immense emotionale Unterstützung auf Augenhöhe bietet, wenn Peers sexuelle Gewalt erlebt haben. Diese Kompetenz gilt es weiter zu stärken, im Sinne eines »Peers for Peers«.
- Vor allem in der Familie, aber auch in der Schule, ist das Thema sexuelle Gewalt zu wenig präsent. Die Reaktionen der Jugendlichen auf die Befragung Speak! haben gezeigt, dass die Heranwachsenden eine Auseinandersetzung mit dem Thema, Orientierung und Hilfe, Handlungsstrategien, Interventionen und Unterstützung wünschen. Präventive Arbeit bedeutet auch, dass Bezugspersonen verstärkt zu verantwortlichen Ansprechpartner/innen werden, die Sicherheit geben. Dies gilt auch, im Sinne der Vermittlung von Sicherheit, für die Jugendlichen, die sexuelle Gewalt beobachtet oder davon gehört haben.
- Jugendliche haben ein großes Interesse an den Themen sexuelle Gewalt und Hilfen, Sexualität, Partnerschaft etc., weil sie Teil ihrer Erfahrungs- und Lebensrealität sind. Hierin liegt die biografische Anschlussfähigkeit für die Gestaltung von Settings, in denen Prävention nachhaltig gelingen kann.
- Von Bedeutung ist das Alter, zu dem Präventionsarbeit einsetzen sollte. Wir konnten zeigen, dass ein starker Anstieg des Erfahrungsrisikos etwa um das 12. Lebensjahr einsetzt. Das bedeutet, dass die Präventionsarbeit zur sexuellen Gewalt mit Beginn der Pubertät – in etwa ab dem Alter von 11/12 Jahren – beispielsweise zur sexuellen Beschimpfungskultur – stattfinden sollte. Ein Gelingensfaktor ist dabei die biografische Anschlussfähigkeit. Dies bedeutet, dass die zu bearbeitenden Themen von großer Relevanz für die Lebens- und Entwicklungsphase sein und deshalb alterssensibel gesetzt werden sollten (die Thematisierung z. B. von Gewalt in der Partnerschaft sollte beispielsweise erst im Alter von 13/14 Jahren beginnen; die kritische Auseinandersetzung aber bspw. mit Geschlechterrollen kann hingegen nicht früh genug beginnen).
- Ein weiterer Punkt betrifft das Thema Pornografie in der Präventionsarbeit. Die Ergebnisse von Speak! zeigen, dass Einstellungen zur Sexualität mit der Häufigkeit des Pornokonsums verbunden sind. Gehen wir mit Krahé (2009) davon aus, dass über Pornos sexuelle Rollenskripte verbreitet werden (Kap. 4.8), sehen wir hier neben der Beschimpfungskultur einen deutlichen Schwerpunkt für die Präventionsarbeit.
- Ähnliches gilt für die sexuelle Gewalt in (ersten) intimen Beziehungen und Kontakten. Jugendliche erleben sexuelle Gewalt auch durch (Ex-)Partner/

innen. Prävention in diesem Bereich sollte, vor dem Hintergrund der Ausbildung sexueller Skripte (Krahé 2008, S. 11), die Bedeutung eines partnerschaftlich und fairen Verstehens, Abstimmens oder Aushandelns, von eindeutiger Kommunikation über sexuelle Absichten etc. mit den Jugendlichen zum Thema haben. Damit Jugendliche positive sexuelle Erfahrungen gewinnen können.

- Das Internet, das zeigen die Ergebnisse von Speak!, ist zum einen Ort sexueller Gewalthandlungen – bezogen auf die Viktimisierung im Internet – und zum anderen zugleich ein zentraler Ort sexueller Sozialisation von Jugendlichen (Vogelsang 2017). Prävention in diesem Bereich sollte eine Auseinandersetzung von pädagogischen Fachkräften, Lehrer/innen, Eltern, Jugendlichen etc. mit den Vorstellungen von (altersspezifischer) Sexualität, dem Zugang und erfolgreichen Umgang mit Medien beinhalten. Dazu zählt auch die Stärkung der Reflexions- und Bewertungsfähigkeit von Medien ohne »erhobenen Zeigefinger«.

»Ich persönlich finde es gut, dass solche Befragungen durchgeführt werden, da es bei mir in letzter Zeit häufiger zu sexueller Gewalt gekommen ist. Ich hoffe nur, dass es irgendwann aufhört, weil man es als weibliche Person schwer hat, etwas mehr geschminkt oder mit knapperen Sachen rumzulaufen, ohne blöd angemacht zu werden oder sogar angefasst zu werden.«

8 — Die Studie Speak!

»Mein Rat: Dass sie stark bleiben sollen, sich nicht unter kriegen lassen. Ich dachte auch, wenn ich es jemandem erzähle, würde er mich hassen. Doch es stimmt nicht. Erzähle es nur jemanden, dem du vertraust. Manchmal können sie besser helfen als man denkt.«

Der Fragebogen

Um die sexuellen Gewalterfahrungen und auch wichtige andere Einstellungen der Jugendlichen und deren Hintergründe zu erfassen, ist der Fragebogen in drei Teile aufgeteilt (Übersicht 1). Im ersten Teil finden sich allgemeine Fragen zu den Jugendlichen wie etwa zu deren Geschlecht, Alter oder sozialer Herkunft. In diesen Teil fallen auch Fragen, in denen wir die Jugendlichen – noch bevor sie die Fragen zu ihren Erfahrungen mit sexueller Gewalt beantworteten – baten, uns über ihre Wahrnehmung von sich selbst (Selbstbild), ihrer Familie oder auch zur Schule Auskunft zu geben.

Den zweiten Teil bilden die Fragen zu den sexuellen Gewalterfahrungen. Die Erfahrungen mit sexueller Gewalt wurden dabei sowohl aus der Perspektive der Betroffenen, der Beobachter/innen und derer erhoben, die von sexuellen Gewalterfahrungen von ihnen nahestehenden Personen gehört haben. Wir haben die Jugendlichen auch gefragt, ob sie selbst schon einmal sexuelle Gewalt ausgeübt haben (Aggressor/innen-Perspektive). Der Umfang der Abfrage variierte dabei zwischen den verschiedenen Perspektiven.

Im dritten Teil des Fragebogens wurden die Jugendlichen gebeten, etwas allgemeiner über das Thema sexuelle Gewalt nachzudenken, etwa darüber, über welche Themen sie in diesem Bereich noch gerne mehr erfahren wollen. Und wir haben sie am Ende dieses Teils des Bogens gefragt, wie sie den Fragebogen einschätzen. Neben Fragen mit vornehmlich standardisierten Antwortvorgaben enthält der Fragebogen zahlreiche so genannte »offene Fragen«, zu denen die Befragten in eigenen Worten Stellung nehmen konnten. Durchgeführt wurde die Studie Speak! als eine klassenweise Befragung mittels standardisierter Fragebögen in den Jahrgangsstufen 9. und 10.

Teil 1		Teil 2	Teil 3
Geschlecht	Wahrnehmung der eigenen Person (Selbstbild)	Erfahrene Gewaltformen	Wissen über Sexualität/sexuelle Gewalt
Alter/Jahrgang			
Wohnortverhältnisse	Wahrnehmung der Schule (Schulklima)	Häufigkeit	Gespräche über sexuelle Gewalt
Migrationshintergrund		Alter	
Ausbildung Eltern	Wahrnehmung der Familie (Familienklima)	Ort des Geschehens	Bewertung des Fragebogens
Armutsindikatoren		Täter/in	
Religion	Freiwillige sexuelle Erfahrungen/ Partnerschaft	Sprechen über sex. Gewalt	
Schule & Noten		Folgen	
Freizeit	Pornografikonsum	Gedanken/Gefühle	

Übersicht 1: Die Fragebogenstruktur in Speak!

Stichprobendesign, realisierte Stichprobe und Repräsentativität

Als Grundlage der Stichprobenziehung diente der vom Hessischen Kultusministerium (HKM) zur Verfügung gestellte Datensatz zu den Schüler/innen an allgemeinbildenden Schulen mit Stand vom März 2016. Dieser enthält die Schülerzahlen für die 9. sowie die 10. Jahrgangsstufe getrennt nach den verschiedenen Bildungsgängen. Die Stichprobenziehung zielte auf die Realisierung dieser *Schüleranteile in den jeweiligen Bildungsgängen je Jahrgang* (Jahrgang und Bildungsgang als Ziehungsstrata), nicht auf die Schulformen als solche (bei einer einfachen Zufallsstichprobe wie sie hier auf Schulebene realisiert wurde, sind die Schulformen aber entsprechend berücksichtigt). Bei einer angestrebten Stichprobengröße von 3.000 Befragten konnten 2.719 Interviews realisiert werden.

Die (gewichtete) Stichprobe setzt sich zu etwa zwei Dritteln aus Schüler/innen der 9. Jahrgangsstufe und einem Drittel Schüler/innen der 10. Jahrgangsstufe zusammen. Beide Geschlechter sind zu gleichen Anteilen in der Stichprobe vertreten. Die Mehrheit der Befragten ist zwischen 14 und 16 Jahre alt. Ein Drittel der Befragten weist einen Migrationshintergrund (mind. ein Elternteil im Ausland geboren) auf, wobei die meisten Jugendlichen, die einen Migrationshintergrund haben, selbst in Deutschland geboren sind (zweite Generation).

Die Auswahl der Schulen und Klassen erfolgte nach statistischen Kriterien mit dem Ziel, einen repräsentativen Querschnitt hessischer Schüler/innen in diesen Jahrgängen abzubilden. Durch die Art des Auswahlverfahrens (Zufallsauswahl) und eine anschließende Gewichtung der Daten kann für die folgenden Befunde sichergestellt werden, dass die Stichprobe erstens repräsentativ für Jugendliche ist, die in der 9. Jahrgangsstufe (noch) eine allgemeinbildende Schule besuchen (ohne die Jugendlichen, die eine Förderschule besuchen) und sie zweitens zudem repräsentativ für Jugendliche ist, die in der 10. Jahrgangsstufe (noch) eine allgemeinbildende Schule besuchen.

Den Auswertungen für dieses Buch liegen die Daten beider Jahrgangsstufen zu Grunde. Wären alle Schüler/innen in den Klassen, die befragt wurden, am Erhebungstag anwesend gewesen, hätten wir 3.759 Jugendliche angetroffen. 3.030, das heißt 81 Prozent, von diesen waren tatsächlich anwesend. Von den anwesenden Jugendlichen haben 2.719 mit Einverständniserklärung der Eltern an der Befragung teilgenommen. Das heißt, nur 10 Prozent der anwesenden Schüler/innen haben nicht an der Befragung aufgrund einer fehlenden Elternerlaubnis teilgenommen.

Datenschutz und Ethikgutachten

Da es sich bei der vorliegenden Befragung um sensible Daten und Erhebungssituationen handelt, wurde im Besonderen Wert auf ein sicheres Datenschutzkonzept entsprechend der Richtlinien des Landes Hessen als auch auf die ethische Machbarkeit, geprüft und positiv beschieden durch die Ethikkommission der Philipps-Universität Marburg, gelegt. Auch die datenschutzrechtliche und fachliche Prüfung durch das Hessische Kultusministerium ergab keine Einwände gegen die Durchführung.

Zusammenarbeit von Forschenden, schulischen Akteuren und beratenden Institutionen – der partizipative Ansatz

Die gesamte Speak! Studie folgt einem partizipativen Forschungsansatz. Möglichst viele Akteure, die sich mit dem Thema sexuelle Gewalt beschäftigen bzw. damit betraut sind, wurden in den Prozess der Vorbereitung der Studie einbezogen. Hierzu gehörten u. a. Beratungsstellen (Wildwasser Gießen e.V.), die Kreis- und Landeselternbeiräte in Hessen sowie die für Gewaltprävention zuständigen hessischen Schulpsycholog/innen. Der Fragebogen wurde darüber hinaus in einer Pilotstudie mit Schüler/innen diskutiert. Auf der Ebene der Durchführung unterstützten Beratungsstellen (Wildwasser Gießen e.V.) und Elternvertretungen (Kreis- und Landeselternbeiräte Hessen) die Konzeption der Studie und die Feldphase.

Schulung der Interviewer/innen und Nachbereitung

Bei den Interviewer/innen handelte es sich ausschließlich um Studierende der Sozial- und Erziehungswissenschaften, die sich bereits auf einer wissenschaftlichen oder praktisch-pädagogischen Ebene mit dem Thema sexuelle Gewalt im Jugendalter auseinandergesetzt haben. Um die Interviewer/innen auf ihre verantwortungsvolle Aufgabe vorzubereiten, haben wir im Mai 2016 eine intensive Schulung in Kooperation mit der Beratungsstelle Wildwasser Gießen e.V. durchgeführt. Zusätzlich wurde zu regelmäßig stattfindenden Reflexionstreffen in der Gruppe eingeladen. Im Rahmen der Schulung wurden u. a. Handlungskompetenzen für eventuell auftretende Krisensituationen und Handlungsverpflichtungen (Garantenstellung) etc. vermittelt.

Beratungs- und Unterstützungsangebote

Die Bereitstellung von externen Beratungs- und Unterstützungsangeboten für die befragten Schüler/innen nahm das Speak!-Team als Teil seiner Verantwortung wahr. Durch mehrere externe Beratungs- und Unterstützungsangebote (Verteilen von Präventionskarten mit zentralen Infos und Kontakten, Homepage Speak! mit Hinweisen auf jugendspezifische Unterstützungsangebote, Kooperation mit Ansprechpartner/innen für Gewaltprävention etc.) hatten die Schüler/innen die Möglichkeit, während und nach der Befragungszeit für sie passende Unterstützung auszuwählen und anzufragen.

Zur Vorbereitung auf die Befragung eröffneten wir auch den Lehrkräften und der Schulleitung verschiedene Möglichkeiten der Unterstützung: Eine von der Studienleitung bei Wildwasser Gießen e.V. in Auftrag gegebene Checkliste diente den Lehrkräften als Vorbereitung auf die bevorstehende Befragungssituation. Zudem hatten Schulen jederzeit die Möglichkeit, Wildwasser Gießen e.V. oder das Speak!- Forschungsteam zu kontaktieren.

Die Durchführung der Befragungen in den Klassen

Ein Befragungsteam, bestehend aus zwei Interviewer/innen, befragte in der Regel zwei bis drei Klassen pro Schule. Die Befragungszeit je Klasse umfasste zwei Schulstunden. Nach einem einführenden Kurzinput zur Studie Speak! wurden mit den Schüler/innen unterschiedliche Formen sexueller Gewalt exemplarisch erarbeitet. Unterschiede zwischen nicht-körperlichen und körperlichen Formen sexueller Gewalt wurden erläutert. Die Schüler/innen wurden zu diesem Punkt aktiv einbezogen. Aufgabe der Interviewer/innen war es darauf hinzuweisen, dass die Befragung freiwillig und anonym ist, es keine »richtigen« und »falschen« Antworten gibt und dass das Forschungsteam an der eigenen Meinung und Erfahrung der Jugendlichen interessiert ist. Die Schüler/innen, die die Einverständniserklärung der Eltern bei der Lehrkraft abgegeben hatten, erhielten dann die Möglichkeit, an der Befragung teilzunehmen. Nach der Befragung wurden die Bögen vor den Augen der Schüler/innen eingesammelt und in einer Box verschlossen.

Die aus dem studentischen Kontext stammenden Interviewer/innen wurden von den Jugendlichen als Gesprächspartner/innen »auf Augenhöhe« wahrgenommen. Obwohl im Gespräch über Partnerschaft, Sexualität, Pornografie etc.

eine lockere Gesprächsatmosphäre herrschte, wurde das Thema sexuelle Gewalt von Seiten der Schüler/innen mit einer bemerkenswert hohen Ernsthaftigkeit behandelt. Darin findet sich eine in der Beratung betroffener Mädchen und Jungen häufig gemachte Erfahrung wieder, nämlich dass es Kindern und Jugendlichen dann möglich ist, über das Thema sexuelle Gewalt und damit verbundene eigene Erfahrungen zu sprechen, wenn sie auf Erwachsene treffen, bei denen sie das Gefühl haben, auf einen sicheren und wertschätzenden Umgang mit ihren Äußerungen zu treffen. Dazu gehört auch die Wahrnehmung, dass das erwachsene Gegenüber das Thema emotional »aushält«.

LITERATUR

LITERATUR

Allroggen, M., Rau, T. & Fegert, J. M. (2012). Sexuelle Übergriffe von Jugendlichen und Heranwachsenden auf Jugendliche. Zeitschrift für Psychiatrie, Psychologie und Psychotherapie, 60 (1), 35–40.

American Association of University Woman Educational Foundation (AAUW). (Hrsg.). (2011). Crossing the Line: Sexual Harassment at School. Washington, DC: AAUW.

Andresen, S. (2016). Normierte Kindheit: Kritische Anfragen an die Kindheitsforschung. In U. Becker, H. Friedrichs, F. von Gross & S. Kaiser (Hrsg.), Ent-Grenztes Heranwachsen (S. 17–30). Wiesbaden: Springer VS.

Andresen, S. & Künstler, S. (2015). Vulnerabilität und sexuelle Gewalt in der Kindheit. Zeitschrift für Sexualforschung, 28 (4), 318–334.

Attar-Schwartz, S. (2009). Peer Sexual Harassment Victimization at School: The Roles of Student Characteristics, Cultural Affiliation, and School Factors. American Journal of Orthopsychiatry, 79 (3), 407–420.

Bergius, R. (2017). Selbstbild. In M. A. Wirtz (Hrsg.), Dorsch – Lexikon der Psychologie. Abgerufen am 03.08.2017 von https://m.portal.hogrefe.com/dorsch/selbstbild/.

Bourdieu, P. (1974). Zur Soziologie der symbolischen Formen. Frankfurt am Main: Suhrkamp.

Brandes, S. & Schaefer, I. (2013). Partizipative Evaluation in Praxisprojekten. Prävention und Gesundheitsförderung, 8 (3), 132–137.

Brumlik, M. (2013). Kindeswohl und advokatorische Ethik. Ethik-Journal, 1 (2), 1-14.

Bundeszentrale für gesundheitliche Aufklärung (BZgA). (2015). Jugendsexualität 2015: Ergebnisse der aktuellen Repräsentativbefragung. Bundesgesundheitsblatt – Gesundheitsforschung – Gesundheitsschutz, 58 (6), 593–600.

Castel, R. (2000). Die Metamorphosen der sozialen Frage: Eine Chronik der Lohnarbeit. Édition discours. Konstanz: UVK.

Ecarius, J., Hößl, E. & Berg, A. (2012). Peergroup-Ressource oder biographische Gefährdung? In J. Ecarius & M. Eulenbach (Hrsg.), Jugend und Differenz (S. 161–181). Wiesbaden: Springer VS.

Ecarius, J., Köbel, N. & Wahl, K. (2011). Familie, Erziehung und Sozialisation. Basiswissen Sozialisation. Wiesbaden: Springer VS.

Fend, H. (1994). Die Entdeckung des Selbst und die Verarbeitung der Pubertät. Bern: Hans Huber.

Fend, H. (1997). Der Umgang mit Schule in der Adoleszenz: Aufbau und Verlust von Lernmotivation, Selbstachtung und Empathie. Bern: Hans Huber.

Fend, H. (1998). Eltern und Freunde: Soziale Entwicklung im Jugendalter. Bern: Hans Huber.

Fend, H., Knörzer, W., Nagl, W., Specht, W. & Väth-Szusdziara, R. (1976). Sozialisationseffekte der Schule. Weinheim und Basel: Beltz.

Fineran, S. & Bolen, R. M. (2006). Risk Factors for Peer Sexual Harrassment in Schools. Journal of Interpersonal Violence, 21 (9), 1169–1190.

Fraij, A., Maschke, S. & Stecher, L. (2015). Die Scholarisierung der Jugendphase – ein Zeitvergleich. Diskurs Kindheits- und Jugendforschung, 10 (3), 167–182.

Frohmann, M. (2003). Aspekte einer körperbezogenen Jugendsoziologie: Jugend –Körper – Moden. In J. Mansel, H. M. Griese & A. Scherr (Hrsg.), Theoriedefizite in der Jugendforschung (S. 144–156). Weinheim: Juventa.

Hagemann-White, C. (1992). Strategien gegen Gewalt im Geschlechterverhältnis: Bestandsanalyse und Perspektiven. Forschungsberichte des BIS. Pfaffenweiler: Centaurus-Verlag-Ges.

Havighurst, R. J. (1974). Developmental Tasks and Education. New York: Longmann.

Helsper, W. (2002). Lehrerprofessionalität als antinomische Handlungsstruktur. In M. Kraul, W. Marotzki & C. Schweppe (Hrsg.), Biographie und Profession (S. 64–102). Bad Heilbrunn: Klinkhardt.

Hoffmann, D. (2005). Körpererfahrungen, Sexualität und Geschlechtsidentität. In H. Merkens & J. Zinnecker (Hrsg.), Jahrbuch Jugendforschung (Bd. 5) (S. 199–218). Wiesbaden: VS Verl. für Sozialwiss.

Holtappels, H. G. (2003). Soziales Schulklima aus der Schülersicht – Wohlbefinden im sozialen Kontext der Schule. In H. Merkens & J. Zinnecker (Hrsg.), Jahrbuch Jugendforschung (Bd. 3) (S. 173–196). Opladen: Leske + Budrich.

Hurrelmann, K. (2002). Selbstsozialisation oder Selbstorganisation? Ein sympathisierender, aber kritischer Kommentar. Zeitschrift für Soziologie der Erziehung und Sozialisation, 22 (2), 155–166.

Hurrelmann, K. & Andresen, S. (2010). Kinder in Deutschland 2010: 2. World Vision Kinderstudie (Originalausgabe). Frankfurt am Main: Fischer-Taschenbuch-Verl.

Keupp, H., Straus, F., Mosser, P., Gmür, W. & Hackenschmied, G. (2017). Sexueller Missbrauch und Misshandlungen in der Benediktinerabtei Ettal. Wiesbaden: Springer VS.

Kindler, H. (2014). Wirkungen, Nebenwirkungen und ungelöste Probleme bei der Prävention von sexueller Gewalt gegen Kinder und Jugendliche. In K. Böllert & M. Wazlawik (Hrsg.), Sexualisierte Gewalt: Institutionelle und professionelle Herausforderungen (S. 77–94). Wiesbaden: Springer VS.

King, V. (2004). Die Entstehung des Neuen in der Adoleszenz. Wiesbaden: Springer VS.

Klein, A. (2015). Zur These der Pornografisierung der Jugend. Sozialmagazin, 2, 16–25.

Krahé, B. (2009). Sexuelle Aggression und Opfererfahrungen unter Jugendlichen und jungen Erwachsenen. Pädagogische Rundschau, 60 (3), 173–183.

Krahé, B. (2008). Verbreitungsgrad und Risikofaktoren sexueller Aggression bei Jugendlichen und jungen Erwachsenen. IzKK Nachrichten (Informationszentrum Kindesmisshandlung/Kindesvernachlässigung), 1, 8–13.

Krüger, H.-H., Deinert, A. & Zschach, A. (2012). Jugendliche und ihre Peers: Freundschaftsbeziehungen und Bildungsbiographien in einer Längsschnittperspektive. Opladen u. a.: Budrich.

Maschke, S. (2013). Habitus unter Spannung – Bildungsmomente im Übergang: Eine Interview- und Fotoanalyse mit Lehramtsstudierenden. Edition Erziehungswissenschaft. Weinheim und Basel: Beltz Juventa.

Maschke, S. & Hentschke, A.-K. (im Erscheinen). Die Sozialräumliche Karte als triangulierendes Verfahren der Dokumentarischen Methode zur Rekonstruktion von Bildungsprozessen und -strategien in biografischen Übergängen. Zeitschrift für Qualitative Forschung (ZQF).

Maschke, S. & Stecher, L. (2010). In der Schule: Vom Leben, Leiden und Lernen in der Schule. Wiesbaden: VS Verl. für Sozialwiss.

Maschke, S. & Stecher, L. (im Erscheinen). Müssen und dürfen wir Jugendliche so etwas fragen? Ergebnisse und Erfahrungen aus der repräsentativen Studie Speak! zu sexualisierter Gewalt. Zeitschrift für Pädagogik.

Maschke, S., Stecher, L., Coelen, T., Ecarius, J. & Gusinde, F. (2013). Appsolutely smart: Die Studie Jugend.Leben. Bielefeld: Bertelsmann Verlag.

Moore, T. (2017). Protection through participation. Involving children in child-safe organisations. Abgerufen am 10.08.2017 von https://aifs.gov.au/cfca/publications/protection-through-participation

Nohl, A.-M., Rosenberg, F. v. & Thomsen, S. (2015). Bildung und Lernen im biographischen Kontext: Empirische Typisierungen und praxeologische Reflexionen. Wiesbaden: Springer VS.

Raufelder, D. (2010). Soziale Beziehungen in der Schule – Luxus oder Notwendigkeit. In A. Ittel, H. Merkens, L. Stecher & J. Zinnecker (Hrsg.), Jahrbuch Jugendforschung 2008/09 (S. 183–199). Wiesbaden: VS Verl. für Sozialwiss.

Reh, S., Baader, M. S., Helsper, W., Kappeler, M., Leuzinger-Bohleber, M., Sielert, U., Thole, W. & Thompson, C. (2012). Sexualisierte Gewalt in pädagogischen Institutionen – eine Einleitung. In W. Thole, M. S. Baader, W. Helsper, M. Kappeler, M. Leuzinger-Bohleber, S. Reh, U. Sielert & C. Thompson (Hrsg.), Sexualisierte Gewalt: Macht und Pädagogik (S. 13–23). Opladen u. a.: Budrich.

Rudolf-Jilg, C. (2008). Eine (hilflose) Jugend zwischen Bushido und Niceguys: Prävention bei Übergriffen unter Jugendlichen. IzKK-Nachrichten (Informationszentrum Kindesmisshandlung/ Kindesvernachlässigung), 1, 27–32.

Schubarth, W. (2010). Gewalt und Mobbing an Schulen: Möglichkeiten der Prävention und Intervention. Schulpädagogik. Stuttgart: Kohlhammer.

Sielert, U. (2011). Zur Bedeutung des aktuellen Diskurses über sexuelle Gewalt in pädagogischen Institutionen für die Erziehungswissenschaft. In L. Ludwig, H. Luckas, F. Hamburger, & S. Aufenanger (Hrsg.), Bildung in der Demokratie II, Tendenzen -- Diskurse – Praktiken (S. 22–37). Opladen: Budrich.

Sielert, U. (2015). Einführung in die Sexualpädagogik. Weinheim und Basel: Beltz.

Skoog, T. & Özdemir, S. B. (2015). Explaining why early-maturing girls are more exposed to sexual harassment in early adolescence. Journal of Early Adolescence, 36, 490–509.

Tillmann, K.-J., Holler-Nowitzki, B., Holtappels, H. G., Meier, U. & Popp, U. (2000). Schülergewalt als Schulproblem: Verursachende Bedingungen, Erscheinungsformen und pädagogische Handlungsperspektiven. Weinheim: Juventa.

Timmerman, M. C. (2004). Safe Schools and Sexual Harassment: the Relationship between School Climate and Coping with Unwanted Sexual Behaviour. Health Education Journal, 63, 113–126.

UBS Optimus Foundation. (2011). Sexuelle Viktimisierung von Kindern und Jugendlichen in der Schweiz. Abgerufen am 27.9.2017 von www.optimusstudy.org

Ulich, K. (1991). Schulische Sozialisation. In K. Hurrelmann & D. Ulich (Hrsg.), Neues Handbuch der Sozialisationsforschung (4. Aufl.) (S. 377–396). Weinheim und Basel: Beltz.

Vogelsang, V. (2017). Sexuelle Viktimisierung, Pornografie und Sexting im Jugendalter: Ausdifferenzierung einer sexualbezogenen Medienkompetenz. Medienbildung und Gesellschaft. Wiesbaden: Springer VS.

Walther, A., Hof, C. & Meuth, M. (2014). Vermittlung und Aneignung in Lebenslauf und Biographie: Perspektiven einer Pädagogik der Übergänge. In C. Hof, M. Meuth & A. Walther (Hrsg.), Pädagogik der Übergänge (S. 218–240). Weinheim und Basel: Beltz Juventa.

Wolff, M. (2014). Missbrauch von Kindern und Jugendlichen durch Professionelle in Institutionen: Perspektiven der Prävention durch Schutzkonzepte. In K. Böllert & M. Wazlawik (Hrsg.), Sexualisierte Gewalt: Institutionelle und professionelle Herausforderungen (S. 95–109). Wiesbaden: Springer VS.

Youniss, J. & Smollar, J. (1985). Adolescent relations with mothers, fathers, and friends. Chicago, London: University of Chicago Press.

Zumhasch, C. (2006). Das Unterrichtsklima. In K.-H. Arnold, U. Sandfuchs & J. Wiechmann (Hrsg.), Handbuch Unterricht (S. 144–147). Bad Heilbrunn: Klinkhardt.